Studien

zur

Concurs-Ordnung

vom 8. Mai 1855.

Von

H. Makower.
Gerichts-Assessor.

Berlin, 1861.
Verlag von J. Guttentag.

Seinem verehrten Freunde

dem Rechts-Anwalt und Notar Herrn

Otto Böhm

widmet diese Blätter

der Verfasser.

Vorbemerkung.

Die nachstehenden Erörterungen verdanken ihre Entstehung einer kurzen Muße, welche dem Verfasser in ländlicher Zurückgezogenheit gegönnt war. Es lag in dem Plane desselben, eine Reihe von Monographieen über diejenigen Grundsätze zu schreiben, welche durch die Concurs-Ordnung neu eingeführt worden sind, und zur Zeit noch unvermittelt mit dem übrigen Civilrecht dastehen. Nach dem Erscheinen der trefflichen Commentarien von Goltdammer und Koch schien die Behandlung einzelner Fragen der geeignetste Weg, um zur Fortbildung der Concurs-Ordnung beizutragen. Die Kürze der Zeit gestattete nicht die Ausführung des ganzen Planes, weshalb vorläufig mit der Veröffentlichung der nachfolgenden Erörterungen der Anfang gemacht wird.

Sollten sich dieselben des Beifalls von Sachverständigen erfreuen, so werden weitere Erörterungen folgen.

Krieschow, den 11. Juni 1860.

H. M.

I. Der Einfluß des Concurses auf die Wechselforderungen.

Die Concurs-Ordnung vom 8. Mai 1855 erwähnt nur an wenigen Stellen der Wechsel, und trifft einige magere Bestimmungen über die Wirkung, welche der Concurs auf die Wechselforderungen ausübt. Die erheblichsten Fragen, welche die Natur des Wechsels bei der Collision mit den Vorschriften der Concursordnung anregt, sind unberücksichtigt geblieben. Dies findet seine Erklärung lediglich darin, daß nachdem den Wechseln jedes Vorrecht in der Reihenfolge der Forderungen genommen ist, man es für unnöthig erachtete, sie noch besonders im Auge zu behalten; man glaubte vielmehr, daß, was für die übrigen Forderungen gelte, im Großen und Ganzen auch auf die Wechselforderungen anwendbar und für dieselben ausreichend sein würde. Die Erfahrung hat jedoch gelehrt, daß dem keineswegs so ist, und ich glaube mich nicht zu täuschen, wenn ich annehme, daß die aus Veranlassung von Concursen angestrengten Prozesse zum größeren Theile wechselrechtliche Fragen betrafen. Erklärlich ist dies aus der wohl zweifellos richtigen Thatsache, daß in den kaufmännischen Concursen die Wechselforderungen den größeren Theil aller Liquidate bildeten. Bei dieser Lage der Sache ist es der wissenschaftlichen Erörterung überlassen, die Bindeglieder zu finden, die Consequenzen zu ziehen und die Collisionen auszugleichen. Die einzelnen, theils in richterlichen Entscheidungen, theils in wissenschaftlichen Abhandlungen angeregten Fragen sollen nachstehend einer Prüfung in der Reihenfolge unterzogen werden, in welcher sie sich dem Inhaber des Wechsels von selbst aufdrängen. Diese so zu sagen chronologische Disposition dürfte am geeignetsten sein, einen Ueberblick über die ganze Materie zu gewähren.

a. Die Wechselförmlichkeiten im Concurse.

Der Concurs des Wechselschuldners ist von gar keinem Einflusse auf die Behufs Erhaltung des Wechselrechts vorgeschriebenen Förmlichkeiten. *) Was zuvörderst die Regreßforderungen an die Vormänner angeht, so ist zu ihrer Entstehung das Ausbleiben der Zahlung Seitens des Acceptanten und die Feststellung der unterbliebenen Zahlung durch Protest (Art. 41 der Wechsel-Ordnung) Vorbedingung. Will man selbst annehmen, daß der ausgebrochene Concurs dem Acceptanten die Bezahlung des Wechsels unmöglich mache (was thatsächlich nicht immer zuzutreffen braucht), so ist doch die Feststellung der unterbliebenen Zahlung durch Protest dadurch nicht entbehrlich gemacht. Die Wechselordnung läßt einen anderen Beweis, daß Zahlung ausgeblieben sei, nicht zu. Das Ober-Tribunal (Entsch. Band 41. S. 290. Striethorst, Archiv, Band 33. S. 350) hat deshalb mit Recht angenommen, daß die Protesterhebung trotz des Concurses des Acceptanten zur Begründung des Regresses an die Vormänner nöthig bleibt.

Die Präsentation des Wechsels und die Protesterhebung ist gegen den Cridar selbst, und nicht etwa gegen den Verwalter seiner Masse zu richten, und zwar einerseits, weil der Verwalter gar nicht gesetzlicher Vertreter des Cridars ist, und andererseits, weil die Regreßpflichtigen ihre Verpflichtung eben von der aus dem Gesetze hervorgehenden Bedingung abhängig gemacht haben, daß der Wechsel dem Acceptanten selbst rechtzeitig und fruchtlos zur Zahlung vorgelegt worden ist. Nach Inhalt der Leipziger Conferenzprotokolle (S. 153 der Leipz. Ausg. zu §. 83 des Pr. Entwurfs) ging man allerdings davon aus, daß die Präsentation und Protesterhebung bei dem Verwalter und nicht bei dem Cridar erfolgen solle; man wollte dies auch im Gesetze erkennbar machen. Dies ist jedoch unterblieben, so daß eine positive Bestimmung hierfür nicht vorhanden ist. Nach allgemeinen Rechtsgrundsätzen, welche in Ermangelung eines Spezialgesetzes Platz greifen, ist aus den angegebenen Gründen die entgegengesetzte Meinung für die richtige zu halten. — Das hier Gesagte gilt nicht nur von dem Proteste Mangels Zahlung, sondern auch von dem Proteste Mangels Annahme.

---

*) s. Renaud, Der Einfluß des Concurses auf die Wechselrechts-Verhältnisse, im Archiv für deutsches Wechselrecht und Handelsrecht von Siebenhaar und Tauchwitz. Bd. 8. Heft 3. S. 332 ff.

Was sodann die Erhaltung des Wechselrechts gegen den Acceptanten betrifft, so ist zur Wahrung der Rechte gegen den in Concurs befindlichen Acceptanten bei einem Domizilwechsel die Erhebung des Protestes bei dem Domiziliaten nothwendig; denn der Acceptant haftet nur, wenn durch einen Protest festgestellt ist, daß im Domizil Zahlung nicht geleistet ist. (Art. 43. l. c.) Auch wenn der Domiziliat selbst in Concurs, und daher Zahlung von ihm nicht zu gewärtigen ist, muß dennoch bei ihm Protest levirt werden.

Es sei schließlich bemerkt, daß auch die nach Art. 45 der Allg. deutschen Wechsel-Ordnung Behufs Erhaltung der Rechte auf Zinsen, Kosten und Spesen erforderlichen Benachrichtigungen an die Vormänner nur an diese Personen selbst, und nicht etwa an die Verwalter ihrer Concursmassen zu richten sind. Jene Personen selbst sind im Wechselverbande, und es wird ihre juristische Persönlichkeit von dem Verwalter nicht vertreten. Werden auch nach §. 149 der Concurs-Ordnung die eingehenden Postbriefe nicht an die Cridare, sondern an die Verwalter ausgehändigt, so müssen diese Briefe nach §. 152 Nr. 3 ibid. doch durch die Cridare in Gegenwart der Verwalter eröffnet werden, und sollen nur, wenn die Cridare nicht sofort zu erlangen sind, von den Verwaltern erbrochen werden. Der benachrichtigende Gläubiger hat jedenfalls seine Verpflichtung erfüllt, wenn er dem Cridar unter seiner Adresse brieflich Nachricht gegeben hat, mag auch im einzelnen Falle derselbe ohne Kenntniß vom Inhalte des Briefes geblieben sein.

b. Die Wechselklage und die Anmeldung im Concurse.

Die Wechselklage ist die Anrufung des Richters zur Feststellung, daß dem Kläger aus dem Wechsel ein Recht gegen den Verklagten, dessen Name auf dem Wechsel vorhanden sein muß, zusteht. Im gewöhnlichen Laufe der Dinge leiht der Richter seinen Arm, um dem anerkannten Rechte auch in seinem ganzen Umfange thatsächlich Geltung zu verschaffen.

Wird ein Wechselanspruch dagegen im Concurse des Wechselverpflichteten angemeldet, so ist dies etwas ganz Anderes. Die Anmeldung bezweckt nur gegenüber den verschiedenen Personen, welche auf die vergantete Masse Anspruch machen, die Feststellung herbeizuführen, daß auch der Liquidant zur Theilnahme berechtigt ist. Diese Berechtigung ist nur vorhanden, wenn die übrigen Gläubiger freiwillig oder gezwungen anerkennen, daß der Liquidant einen Wechsel-Anspruch an den Cridar hat. Ob die einzelnen Gläubiger und der die Gläubigerschaft in ihrer Gesammtheit vertretende Verwalter den erhobenen Anspruch anerkennen wollen, ist ihre Sache. Wenn sie aber das Liquidat ausdrücklich, beziehungsweise durch Unterlassung von Widerspruch einmal anerkannt haben, so ist dasselbe ihnen gegenüber festgestellt. Dadurch ist aber nur das Recht des Gläubigers zur Theilnahme an der Masse gesichert, jedoch nicht eine für andere Personen bindende Gewißheit erlangt, daß der Liquidant einen Anspruch, in specie einen Wechselanspruch, an den Cridar hat. Dies ist namentlich nicht gegenüber dem Cridar selbst festgestellt, welchem das Anerkenntniß der Forderung seitens seiner anderen Creditoren nicht präjudicirt. Die nothwendige Folge ist, daß wenn die Feststellung eines Wechselanspruches aus irgend welchem Grunde gegen den Cridar selbst nothwendig wird, die Thatsache ganz ohne Belang ist, daß der Wechsel im Concurse anerkannt worden ist. Jenes Anerkenntniß wirkt nur gegen die Agnoscirenden. — Diese Unterscheidung ist von dem Ober-Tribunal mit Bezug auf die frühere Concurs-Ordnung in dem Erkenntnisse vom 29. April 1856 (Strieth. Arch. Bd. 21, S. 156) gebilligt. In dem dort gedachten Falle war die Forderung eines Gläubigers gegenüber dem Verwalter rechtskräftig festgestellt worden. Das Ober-Tribunal nahm mit Recht an, daß auf Grund jenes Urtels die Judicatsklage gegen den Cridar selbst, nach beendetem Concurse, nicht angestellt werden könne.

Unter denjenigen Personen, welche im Concurse bei Feststellung der Forderungen mit entscheidender Stimme mitwirken, sind nur der Verwalter und die Creditoren benannt. Der §. 173 der Conc.-Ord. besagt:

> Die Richtigkeit und das Vorrecht der einzelnen Forderungen gelten für unstreitig, soweit dieselben von dem einstweiligen Verwalter ausdrücklich anerkannt und von keinem anwesenden Gläubiger bestritten worden sind.

Hiernach kömmt es gar nicht darauf an, ob der Cridar anerkennt oder widerspricht. Auch wenn Letzteres geschieht, gilt die Forderung für festgestellt, falls nur die Bedingungen des §. 173 cit. erfüllt sind. Selbst die Anwesenheit des Cridars in dem Prüfungstermine ist nicht wesentlich, wenngleich sie zur Information der Gläubiger und des Verwalters im §. 171 l. c. möglichst gesichert ist, und dem Cridar die Gelegenheit gegeben werden soll, sich über jede Post zu erklären.

Es mag auffallen, daß, obschon die Masse Eigenthum des Cridars ist, obschon die anerkannten Forderungen aus derselben nach Kräften befriedigt werden und der Cridar für die Ausfälle bei der Ausschüttung verhaftet bleibt, derselbe dennoch gar keinen Factor bei der Feststellung der Forderungen abgiebt; es werden aus seinem Vermögen auch solche Schulden bezahlt, die er nicht anerkennt; es kann auch vorkommen, daß die Feststellung erfolgt, ohne daß der Cridar auch nur darüber gehört worden ist.

In einzelnen Fällen, und namentlich dann, wenn der Cridar ausdrücklich der Feststellung widerspricht, erscheint es allerdings hart, wenn dessen ungeachtet durch Erklärung des Verwalters und ausbleibenden Widerspruch der anderweitigen Gläubiger eine angemeldete Forderung festgestellt, und durch Dividenden theilweise oder gar voll bezahlt wird. Es läßt sich dies logisch nicht rechtfertigen, denn wenn sich das Concursverfahren von dem gewöhnlichen Verfahren zur Befriedigung eines Gläubigers dadurch unterscheidet, daß bei dem ersteren mit der Exekution gegen den Schuldner begonnen, bei dem letzteren damit geendet wird, so haben doch beide Arten der Hilfsvollstreckung nur den Zweck, die Befriedigung desjenigen zu bewirken, welcher erweislich eine Forderung an den Exequenden hat; es müßte daher in beiden Fällen, sei es vorher oder nachher, gegen den Exequenden festgestellt werden, daß er in der That dem Exekutionssucher etwas schuldet. Aus diesem Grunde wäre es wohl gut gewesen, nach Vorgang des französischen und belgischen Gesetzes, auch den Cridar unter diejenigen Personen aufzunehmen, welche ein Widerspruchsrecht haben. Hierdurch würde zugleich der erhebliche praktische Vortheil für die liquidirenden Gläubiger entstanden sein, daß ihre Forderungen auch dem Cridar gegenüber für festgestellt erachtet werden könnten. Das Gesetz hat indeß angenommen — cfr. Motive zum Regier.-Entw. S. 23 — daß die Gegenwart des Cridars bei den Prüfungsverhandlungen, die pflichtmäßige Prüfung der Forderungen durch den Verwalter, die Aufsicht des Gerichts und das Interesse der anderen Gläubiger, deren Dividende durch Zulassung neuer Gläubiger geschmälert wird, genügende Bürgschaft dafür gewähren würden, daß nicht unberechtigte Forderungen ein Theilnahmerecht erlangten. Mit diesen Erwägungen ist jedoch der Eingriff in das Recht des Cridars, dessen Vermögen zur Vertheilung kömmt, nicht zu rechtfertigen. — Nachdem vorstehend die Wirkung der Anmeldung und der Feststellung im Concurse entwickelt ist, erscheint es einleuchtend, daß die Ansicht derer unhaltbar ist, welche die Liquidation eines Wechsels im Concurse mit dessen Einklagung gegen den im Concurse befindlichen Wechselverpflichteten für identisch ansehen.*)

Die Anmeldung im Concurse — und dies ist besonders festzuhalten — ist gar keine Anrufung des Richters zur Entscheidung darüber, ob ein Anspruch begründet ist oder nicht. Es wird dies zweifellos, wenn man erwägt, daß, auch wenn der Commissar des Concurses, vor welchem die Prüfung erfolgt, ein Liquidat für rechtlich unbegründet erachtet, dasselbe dennoch für festgestellt gilt, wenn nur der Verwalter dasselbe anerkennt, und nicht einzelne Gläubiger widersprechen.

In weiterer Folge ergiebt sich hieraus, daß weder die Anmeldung die Wirkung einer Klage, noch die Feststellung im Concurse die Wirkung einer richterlichen Entscheidung gegenüber dem Cridar haben kann. Wo daher das Gesetz eine bestimmte Folge daran knüpft, daß gegen den Schuldner innerhalb einer bestimmten Zeit eine Klage angestellt worden ist, da erscheint die Thatsache, daß eine Anmeldung im Concurse des Schuldners erfolgt oder unterblieben ist, ohne Belang. Dies ist vom Ober-Tribunal in Betreff der an die Anstellung einer Wechselklage und an ihre Behändigung vom Gesetze geknüpften Folgen nach anfänglichem Schwanken (Entsch. Band 33 S. 187, Striethorst Archiv Bd. 21 S. 341) schließlich anerkannt. (Entsch. Bd. 40 S. 260, Striethorst Archiv Bd. 31 S. 342).

Hält man dies fest, so wird sich die Beantwortung der Frage von selbst ergeben, welche Schritte der Gläubiger zu thun hat, um die einer kurzen Verjährungsfrist ausgesetzten Forderungen zu conserviren.

Die Erörterung hierüber knüpft sich am zweckmäßigsten an den Fall an, wenn dem Gläubiger eine Wechselregreßforderung an den Cridar zusteht, denn nicht nur ist dieser Fall gerade derjenige, welcher am häufigsten zur Entscheidung gelangt ist, und so ziemlich der kürzesten Verjährungsfrist unterliegt, sondern es läßt sich an demselben auch am geeignetsten das Princip für alle Fälle kurzer Verjährung von Wechsel- und anderen Forderungen aufsuchen.

*) Borchardt in Goldschmidt's Archiv, II. Jahrg. 1. Heft. S. 84.

Bekanntlich verjährt die Regreßforderung aus einem Wechsel der Regel nach innerhalb drei Monaten von dem Tage der Protesterhebung, beziehungsweise der Einlösung. — Der Gläubiger hat, streng genommen, nur ein Recht: sich an seinen Schuldner zu halten. Das Gesetz verleiht ihm jedoch die Befugniß, sich an der Concurrenz aller Gläubiger seines Schuldners zu betheiligen, und von ihnen zu erwirken, daß sie sein Theilnahmerecht an der Masse anerkennen. Macht der Gläubiger von dieser Befugniß gar keinen Gebrauch, so bleibt (von einem Accorde abgesehen) seine Forderung an den Gemeinschuldner rechtlich ungeschmälert. Er wird nicht präcludirt. — Macht der Gläubiger von seiner Befugniß nicht rechtzeitig Gebrauch, so muß er das im Concurse ohne seine Zuziehung Beschlossene gegen sich gelten und sich gefallen lassen, daß Vertheilungen der Masse ohne Rücksicht auf seine Forderung stattgefunden haben. Macht der Gläubiger endlich von seiner Befugniß innerhalb der vom Gesetze angeordneten Zeiten Gebrauch, so wird er bei den stattfindenden Vertheilungen berücksichtigt, und seine Forderung an den Gemeinschuldner vermindert sich um dasjenige, was er aus dessen Vermögen, der Concursmasse, erhält.

Widerspricht die Gläubigerschaft in ihrer Gesammtheit, oder widerspricht auch nur ein einzelner Gläubiger der Feststellung des Liquidats, so muß der Gläubiger im Rechtswege sein Theilnahmerecht nachweisen, und die Verurtheilung des Widersprechenden herbeiführen, die Theilnahme des Liquidanten sich gefallen lassen. Da jedoch nach §. 2 der Concurs-Ordnung „die Concursmasse die Bestimmung hat, zur Befriedigung aller zur Zeit der Concurseröffnung vorhandenen Gläubiger des Gemeinschuldners zu dienen", so wird der Kläger nur durchdringen, wenn er nachweist, daß er zur Zeit der Concurseröffnung Gläubiger des Gemeinschuldners gewesen ist. Sobald dieser Beweis erbracht ist, muß dem Gläubiger sein Theilnahmerecht zugesprochen werden. Die Klage auf Zuerkennung dieses Rechts ist an eine bestimmte Frist nicht gebunden; sie kann so lange angestellt werden, als eine gemeinsame Masse noch vorhanden ist. Es versteht sich dagegen von selbst, daß jedes Recht zur Theilnahme aufhört, wenn die Bedingung für dasselbe, das Bestehen einer Forderung des Gläubigers an den Gemeinschuldner, aufhört. Hat also der Liquidant diese seine Forderung abgetreten, so ist sein Successor zur Theilnahme am

Concurse berechtigt; ist er durch Zahlung, oder sonst von dem Cridar, oder von einem Dritten, welcher für den Cridar gezahlt hat, befriedigt, so ist seine Forderung und damit das Recht, am Concurse Theil zu nehmen, erloschen; hat endlich ein Dritter für sich gezahlt, so tritt dieser insoweit von Rechtswegen an die Stelle des Liquidanten (§. 11 Concurs-Ordnung). Fraglich ist nur, ob Liquidant sein Theilnahmerecht auch dann verliert, wenn während des Concurses sein Klagerecht gegen den Cridar durch Verjährung erlischt. Diese Frage dürfte zu verneinen sein.

Zuvörderst wirkt die Klageverjährung nach preußischem Recht nicht den Untergang der Forderung, nicht den Verlust des Rechts, sondern lediglich die Unzulässigkeit der Klage. Die Forderung also bleibt bestehen, und damit die Möglichkeit ihrer Geltendmachung, soweit eine Klage hierzu nicht nöthig ist. Das Theilnahmerecht ist dadurch erworben, daß der Liquidant zur Zeit der Concurseröffnung eine rechtsgültige Forderung an den Cridar hatte; es ist positiv nicht angeordnet, daß dies Theilnahmerecht von dem Zeitpunkte ab erlösche, von wo ab die Klage gegen den Gemeinschuldner versagt wird. Anders liegt die Sache, wenn die Forderung des Gläubigers vor der Concurseröffnung verjährt war, denn, bleibt auch eine naturalis obligatio bestehen, so berechtigt diese doch nicht zur Theilnahme am Concurse, weil derjenige, welcher nicht civiliter Etwas fordern kann, nicht Gläubiger ist. Die Concurseröffnung und die damit für die Gläubigerschaft erfolgende Beschlagnahme des Vermögens des Cridars bewirkt de jure die sofortige Deckung der Gläubiger, soweit die Masse reicht. Der Zeitverlust zur Constituirung und Realisirung der Activ- und Passivmasse, sowie zu deren Vertheilung ist rechtlich irrelevant. Es ist rechtlich so anzusehen, als geschehe die Befriedigung der Gläubigerschaft sofort; es ist deshalb ohne Einfluß, ob die Forderung eines Gläubigers, wenn er nicht Deckung sofort erhalten hätte, zu einer naturalen durch Versäumniß der Klageanstellung herabgesunken wäre. Der Gläubiger ist eben gedeckt, bevor dieser Zeitpunkt eintritt, und da den Gläubigern gesetzlich die Befugniß eingeräumt ist, das ihnen durch die Concurseröffnung bestellte Pfand ohne richterliches Erkenntniß zu versilbern und unter sich zu vertheilen, so ist dies gerade derselbe Fall, als wenn einem Gläubiger außerhalb eines Concurses vertraglich von seinem Schuldner ein Pfand mit der Befugniß bestellt wäre, es zu seiner Befriedigung ohne Erlangung eines executivischen Titels selbst zu verkaufen. Verzögert sich der Verkauf auch bis nach dem Zeitpunkte, in welchem der Gläubiger seine Forderung noch gerichtlich hätte einklagen können, so ist er dennoch zur Herbeiführung seiner Befriedigung befugt, mag ihm die Klage gegen seinen Schuldner auch durch den Zeitablauf versagt sein. Was hier das vertragliche Pfandrecht bewirkt, ist dort eine Folge des gesetzlich constituirten Pfandes. Will man eine geläufigere Anschauung dafür geben, so könnte man sagen, daß der persönliche Gläubiger des Cridars durch die Concurseröffnung ein dingliches Recht an der Masse erwirkt, welches wirksam bleibt, wenn auch die persönliche Forderung durch Klageverjährung erlischt. Es bestimmen nämlich die §§. 247, 248, Theil I. Tit. 20 Allg. L.-R. Folgendes:

§. 247. So lange das Pfandrecht dauert, kann auch keine Verjährung der Schuld zum Besten des Schuldners anfangen.

§. 248. Dagegen finden in Ansehung... desjenigen Theils der Schuld, welcher aus dem Pfande nicht bezahlt werden kann, die gewöhnlichen Regeln von der Verjährung statt.

Dies heißt nichts Anderes, als daß die Hypothekarklage auch dann zulässig ist, wenn die Personalklage durch Verjährung erloschen ist. Es erhellt hieraus, daß in Betreff solcher Forderungen, welche bei der Concurseröffnung wachend waren, kein Raum für den Einwand der Verjährung bleibt, insoweit ihre Befriedigung aus der Concursmasse gesucht wird.

Das Ober-Tribunal hat allerdings in mehrfachen Entscheidungen die hier vorgetragene Ansicht gebilligt, daß die zur Zeit der Concurseröffnung bestehenden Forderungen durch Verjährung ihr Theilnahmerecht nicht verlieren können, jedoch aus einem Grunde, den ich für richtig nicht anerkennen kann. Dasselbe geht davon aus, daß die Verjährung überhaupt nicht eintreten könne, weil der Concurs die Verjährung auch dem Cridar gegenüber unterbreche. Insbesondere ist dies für die Verjährung der Wechselregreßforderungen angenommen. Dagegen scheint mir, daß allerdings die Klageverjährung gegen den Cridar eintreten kann, und daß der Concurs keine Unterbrechung der Klageverjährung bewirkt.

Eine Ansicht hierüber läßt sich nur gewinnen, wenn man die

Vorfrage prüft, ob Klagen gegen Gemeinschuldner durante concursu zulässig sind oder nicht. Wird ersteres bejaht, so tritt auch die Verjährung ein, wenn innerhalb der gesetzlich bestimmten Frist die Klage nicht angestellt worden ist. Wird letzteres bejaht, so kann eine Verjährung überhaupt nicht eintreten, woraus selbstverständlich folgt, daß auch dem Theilnahmerechte im Concurse auf Grund der eingetretenen Präscription nicht widersprochen werden kann.

Die Zulässigkeit der Klagen gegen Gemeinschuldner durante concursu und in specie der Wechselklagen habe ich in dem hier S. 83 angehängten Aufsatze darzuthun versucht. Es bleibt hier nur Weniges nachzutragen:

Der §. 8 der Concurs-Ordnung sagt:

> „Nach der Concurseröffnung kann ein Verfahren zur Geltendmachung von Ansprüchen, welche sich auf das zur Concursmasse gehörende Vermögen beziehen, nicht mehr gegen den Gemeinschuldner gerichtet oder fortgesetzt werden.
>
> Anhängige Rechtsstreitigkeiten gehen auf die Gläubigerschaft in der Lage über, in welcher sie sich zur Zeit der Concurseröffnung befinden.
>
> Gegen jede Entscheidung, welche vor der Concurseröffnung ergangen ist, kann die Gläubigerschaft die zur Zeit der Concurseröffnung noch zulässigen Rechtsmittel einlegen. Dabei kommt, wenn der Verwalter der Masse innerhalb der dem Gemeinschuldner noch laufenden Frist die Concurseröffnung bei der Behörde, bei welcher das Rechtsmittel einzulegen ist, zu den Prozeßakten anzeigt, der Gläubigerschaft die volle gesetzliche Frist so zu statten, als ob die Insinuation der Entscheidung erst am Tage der Concurseröffnung stattgefunden hätte."

Die außerordentlich mangelhafte Fassung dieser Gesetzesstelle ist in dem vorgedachten Aufsatze dargethan. Der Sinn der Bestimmung aber ist klar; er geht dahin, daß über Forderungen, deren Befriedigung aus der Concursmasse gesucht wird, zu diesem Zwecke mit dem Gemeinschuldner nicht certirt werden kann, daß ein Urtheil, welches nach der Concurseröffnung gegen den Gemeinschuldner ergeht, nicht gegen die Masse executorisch wird. Das zweite und dritte Alinea haben eben dieselben Ansprüche, wie das erste Alinea, und nur diese im Auge. Aus dem §. 8 folgt e contrario, daß solche Klagen, durch welche der Gläubiger etwas Anderes bezweckt, als sein Theilnahmerecht am Concurse zur Anerkennung zu bringen und dort zu participiren, gegen den Gemeinschuldner zulässig bleiben. Es will in der That nicht einleuchten, welches Interesse den Gesetzgeber bewogen haben könnte, der Gläubigerschaft die Last einer Vertretung des Cridars auch bei solchen Prozessen zu obtrudiren, bei welchen der klagende Gläubiger nie etwas gegen die Concursmasse erlangen kann und will; so lange der Gläubiger nur die Anerkennung seiner Forderung von dem Gemeinschuldner erzwingen will, hat die Gläubigerschaft nicht mitzusprechen; es wird ihr nicht präjudicirt. Wäre die entgegengesetzte, und, wie ich anerkennen muß, von den Gerichtshöfen ziemlich allgemein angenommene Ansicht richtig, daß bei solchen Ansprüchen, welche liquidirt werden können, die Klage gegen den Gemeinschuldner versagt sei, so käme man dahin, daß der Gesetzgeber ohne allen erdenkbaren Zweck für eine Reihe von Fällen eine Rechtsverweigerung sanctionirt hätte. Diese Rechtsverweigerung wäre darin zu finden, daß dem Gläubiger zeitweise versagt wird, seine an sich rechtsbegründete Forderung der Person gegenüber, welche streng genommen allein hierzu passiv legitimirt ist, seinem Schuldner gegenüber, zur Anerkennung zu bringen. Im Concursverfahren ist, wie oben dargethan, der Cridar gar kein Faktor bei Feststellung der Liquidate; läßt man auch außerhalb dieses Verfahrens eine Klage gegen ihn nicht zu, so ist dem Gläubiger in der That jedes Mittel benommen, seine Forderung dem Schuldner gegenüber zur Feststellung durch Urtel und Recht zu bringen.*) Es ist nicht anzunehmen, daß der Gesetzgeber dies gewollt hat, zumal der Gläubiger nach ausgeschütteter Masse jedesmal gezwungen ist, seinen Schuldner in Person zu belangen, wenn er sich an ihn halten will. — Die zeitweilige Armuth des Cridars kann kein Motiv für den Gesetzgeber gewesen sein, die Klage abzuschneiden, denn auch nach Beendigung des Gantverfahrens durch Ausschütttung der Masse ist der Schuldner, welchem alles vor und während des Concurses erworbene Vermögen abgenommen worden,

*) Auch dieser Gesichtspunkt rechtfertigt den obigen Vorschlag, den Cridar bei der Feststellung der Forderungen im Concurse mit gleichem Rechte wie jeden seiner Gläubiger zuzulassen; wenn dies bestimmt wäre, so könnte die Separatklage gegen den Cridar aus Geschäften vor eröffnetem Concurse ausgeschlossen werden.

der Regel nach ohne Mittel, und doch ist die Klage nach §. 280 der Concurs-Ordnung zweifellos zulässig.

Es muß daher m. E. der mit den Zwecken und Wirkungen des Concursverfahrens vollkommen vereinbare Grundsatz aufrecht erhalten werden, daß nach Lage der Gesetze auch während des Concurses alle Klagen gegen den Gemeinschuldner zulässig sind. Ist dies aber der Fall, so bewirkt der Concurs keine Unterbrechung der Verjährung solcher Klagen, welche gegen den Gemeinschuldner vermöge positiver Bestimmung innerhalb gewisser Zeit anzustellen sind. Es bewendet daher bei der Regel, daß z. B. die Wechselregreßklage verjährt, wenn sie nicht innerhalb drei Monaten von der Protesterhebung, bezüglich Einlösung gegen den Cridar angestellt und ihm behändigt ist.

Für die Zulässigkeit der Klagen gegen den Gemeinschuldner pendente concursu spricht sich mit Bezug auf das gemeine deutsche Recht Renaud in der bereits angezogenen Abhandlung aus, jedoch nimmt er ohne weitere Begründung an, daß die §§. 8 und 9 der Concurs-Ordnung particulair entgegenstehen, was in der That nicht der Fall ist.

Seine Auffassung der Sache weicht in den Consequenzen von der hier vertretenen Ansicht mannigfach ab.

Er nimmt an: trotz des Concurses sei die separate Geltendmachung der Wechselforderung gegen den Cridar im Wechselprozesse zulässig; sei vor eröffnetem Concurse geklagt, so nehme das Verfahren ungeachtet nunmehriger Anmeldung der Wechselforderung im Concurse seinen Fortgang, und die etwaige Verurtheilung des Gemeinschuldners bilde die Grundlage für die Location. Nach eröffnetem Concurse könne zwar auch gegen den Cridar mit der anticipirten Replik geklagt werden, daß der Kläger eine Befriedigung aus der Masse nicht in Anspruch nehme, der Kläger müsse jedoch auf die Anmeldung im Concurse verzichten, oder die bereits geschehene zurücknehmen; unzulässig sei es, gleichzeitig gegen den Wechselschuldner selbst und dessen Masse den Anspruch zu verfolgen, weil auch im Concurse der Cridar mittelst Vertretung prozessire, und der mehrfachen Verhandlung des Anspruchs der Einwand der Litispendenz entgegenstehe. Nicht der Concurs, sondern die Liquidation im Concurse, und zwar deren Behändigung an den Contradictor unterbreche die Wechselverjährung; die Anmeldung im Concurse sei in Wirklichkeit eine Einklagung gegen den Cridar. Ob diese Anführungen dem gemeinen Recht entsprechen, kann hier dahingestellt bleiben; erwägt man aber, daß nach preußischem Recht die Gläubigerschaft zweifellos nicht die Vertreterin der Person des Gemeinschuldners ist, daß der Cridar bei der Feststellung der Liquidate kein Widerspruchsrecht hat, und daß über die angemeldeten Forderungen der Regel nach gar kein Richterspruch ergeht, so sieht man wohl, daß die von Renaud gezogenen Folgerungen mindestens für das preußische Recht nicht haltbar sind. Der Einwand der Litispendenz greift nicht durch, weil eben im Concurse der Regel nach keine richterliche Feststellung der Liquidate stattfindet, und weil, wenn Spezialprozesse im Concurse vorkommen, diese nicht gegen den Gemeinschuldner oder einen Vertreter desselben, sondern gegen den Widersprechenden (die Gläubigerschaft oder den einzelnen Gläubiger) gerichtet sind, und weil endlich nicht über die Rechtsgültigkeit der Forderung an sich, sondern über das Theilnahmerecht an der Masse gestritten wird, mag für diese auch das Bestehen der Forderung an den Cridar zur Zeit der Concurseröffnung eine präjudicielle Frage sein. Nimmt man an, daß der Concurs die Verjährung nicht unterbricht, und daß die Klage gegen den Gemeinschuldner zulässig ist, so muß man consequent auch annehmen, daß die Verjährung des Wechselregresses nur unterbrochen wird, wenn dem Schuldner selbst die Klage rechtzeitig behändigt wird, denn nach Art. 80 der Allgem. deutschen Wechsel-Ordnung wird nur demjenigen gegenüber die Verjährung unterbrochen, welchem die Klage behändigt ist; der Verwalter ist aber — nach preußischem Recht — Nichts als der Communmandatar der Gläubiger; *) er steht in gar keinem Rechtsverhältnisse zum Cridar, hat ihn in keiner Beziehung zu vertreten, und kann daher mit rechtlicher Wirkung gegen den Cridar auch keine gegen denselben gerichtete Klage in Empfang nehmen.

Die vorstehend von mir vertretene Ansicht führt zu einer leichten Lösung der verschiedenen in der Praxis aufgetauchten Fragen über die Wirkung, welche der Concurs auf die Wechselverjährung ausübt. Die anderweitigen, von der Theorie und Praxis versuchten Lösungen sind m. E. mit den positiven Bestimmungen der Wechselordnung nicht vereinbar und gewähren kein festes Prinzip, durch welches wei-

---

*) s. Anhang III. Nr. 3.

tere Controversen abgeschnitten würden. Wer Gelegenheit hatte, die Phasen zu beobachten, welche die Erörterung der hier behandelten Frage in der Praxis der Gerichtshöfe durchmachte, wird zugeben, daß auf diesem Gebiete durch Einführung der Concurs-Ordnung eine Rechtsunsicherheit eintrat, unter welcher eine bedeutende Zahl von Personen schwer gelitten hat. Es ließ sich nicht vorhersehen, und noch jetzt besteht diese Ungewißheit, wie die Frage, ob der Concurs die Wechselverjährung unterbricht, event. wann sie von Neuem beginnt oder zu laufen fortfährt, von einem Gerichtshofe entschieden werden wird. Nur so viel läßt sich sagen, daß die Theorie des Ober-Tribunals bereits in den meisten Gerichtshöfen Eingang gefunden hat, während andere sie constant verwerfen.

Jene Theorie, die sich nur allmälig ausgebildet hat, ist folgende: Der Concurs unterbricht die Verjährung des Wechselregresses und hindert ihren Anfang, [1]) selbst wenn die Forderung im Concurse nicht liquidirt wird. [2]) Gegen den Gemeinschuldner ist durante concursu keine Klage zulässig, weder die Klage auf sofortige Zahlung, noch auf Zahlung nach beendetem Concurse. [3]) Das Klagehinderniß dauert, wenn der Concurs durch Ausschüttung beendet wird, bis zum Tage der Publication der Concursbeendigung, [4]) und wenn Accord geschlossen wird, bis zum Fälligkeitstage der ersten Rate; von diesem Tage an läuft die Verjährung für alle Raten. [5])

Die Zustellung der tabellarischen Nachweisung hebt das im Concurse liegende Klagehinderniß nicht auf. [6])

Von diesen Sätzen dürften nur die beiden anzuerkennen sein, daß die Liquidation im Concurse, wie die Zustellung der tabellarischen Nachweisung für die Wechselverjährung gleichgültig sind. Alle übrigen Sätze scheinen mir bei genauerer Betrachtung nicht haltbar, und die Bedenken folgende:

---

1) Erk. des Ober-Trib. vom 18. Decbr. 1858. Striethorst Bd. 31. S. 349.
2) Erk. dess. Gerichtshofs. Entsch. Bd. 40. S. 260. Str. Bd. 31. S. 342. Bd. 33. S. 215.
3) Erk. dess. Gerichtshofs vom 5. Juli 1856. Entsch. Bd. 33. S. 187. Str. Bd. 21. S. 341.
4) Erk. dess. Gerichtshofs. Entsch. Bd. 40. S. 396. Str. Bd. 32. S. 162.
5) Str. Bd. 32. S. 243. Bd. 33. S. 266.
6) Str. Bd. 33. S. 290.

Die Grundlage für die Theorie des Ober-Tribunals ist in dem Erkenntnisse vom 5. Juli 1856 (Striethorst, Band 21. Seite 341.) gelegt. Es sei gestattet, die Gründe zu prüfen:

„Nach §. 1 der Concurs-Ordnung — so sagen die Gründe — erstreckt sich der Concurs auf das gesammte der Exekution unterliegende Vermögen, welches der Gemeinschuldner zur Zeit der Eröffnung des Concurses besitzt, oder während der Dauer des Concurses erlangt. Verordnet nun der §. 8:

> Nach der Concurseröffnung kann ein Verfahren zur Geltendmachung von Ansprüchen, welche sich auf das zur Concursmasse gehörige Vermögen beziehen, nicht mehr gegen den Gemeinschuldner gerichtet oder fortgesetzt werden,

so umfaßt diese Bestimmung die aus dem gesammten Vermögen des Gemeinschuldners zu realisirenden Ansprüche, und schließt die Zulässigkeit der Klagen gegen den Gemeinschuldner wegen derselben während der Dauer des Concurses aus. Der Concurs absorbirt alle solche Klagen, indem er die exekutivische Geltendmachung des durch dieselben zu erstreitenden Betrages schon im Voraus für alle Gläubiger durch die Beschlagnahme des Vermögens in's Leben treten läßt, und indem er zur Feststellung der noch judicatmäßigen Ansprüche in dem geordneten Wege die Gelegenheit bietet. Erst nach Beendigung des Concurses sind nach §. 280 die nicht vollständig befriedigten Concursgläubiger und die neuen Gläubiger befugt, sich an das später erworbene Vermögen des Gemeinschuldners, welches seiner Verwaltung und Verfügung anheimfällt, im gewöhnlichen Verfahren zu halten."

Die hier versuchte Interpretation des §. 8. ist unhaltbar.

Derselbe schließt gegenüber dem Gemeinschuldner jedes Verfahren zur Geltendmachung von Ansprüchen aus, welche sich auf das zur Concursmasse gehörige Vermögen beziehen. Die letztere Beschränkung, so unklar sie auch gefaßt sein mag, läßt doch erkennen, daß eine Beschränkung gewollt ist, und daß also nicht — wie das Ober-Tribunal sagt — „diese Bestimmung die aus dem gesammten Vermögen des Gemeinschuldners zu realisirenden Ansprüche umfaßt." Es folgt vielmehr e contrario aus §. 8, daß ein Verfahren zur Geltendmachung von Ansprüchen, welche keine Beziehung auf die Concursmasse haben, gegen den Cridar zulässig bleibt. Daß diese

Beziehung keine den Forderungen immanente ist, habe ich bereits am angeführten Orte dargethan. Die Beziehung wird vielmehr lediglich dadurch hergestellt, daß der Gläubiger willkürlich erklärt, ob er sich an die Masse halten wolle oder nicht. Es ist kein Zwang vorhanden, seine Befriedigung aus der Masse zu suchen; der Gläubiger kann daher von dieser absehen, und die Feststellung seines Anspruchs gegen den Cridar verlangen, um sich entweder (insoweit dies zulässig) an das zeitige, von der Masse ausgeschlossene Vermögen desselben, oder an dessen späteres, nach der Concurseröffnung erworbenes Vermögen zu halten. Es scheint mir daher nicht zu bestreiten, daß der Gläubiger, welcher erklärt, daß er sich nicht an das zur Concursmasse gehörige Vermögen halten will, die Klage gegen den Cridar auch durante concursu anstellen kann. Diese Erklärung selbst aber ist wiederum unnütz, denn aus Erkenntnissen, welche während des Concurses gegen den Cridar ergehen, kann niemals die Masse angegriffen werden. Man kann daher allgemein sagen: Soweit ein Anspruch gegen den Cridar bei schwebendem Concurse verfolgt wird, ist er von dem Gläubiger außer alle Beziehung zur Masse gesetzt. Es erscheint deshalb zulässig, gleichzeitig gegen den Cridar zu klagen und gegen die Masse zu liquidiren, denn nur bei dem letzteren Verfahren setzt der Gläubiger seine Forderung in Beziehung zur Masse.

Gäbe es in der That Ansprüche, von denen man im rechtlichen Sinne sagen kann, daß sie sich auf das zur Concursmasse gehörige Vermögen beziehen und ausschließlich auf dieses, so ist nicht zu begreifen, wie nach beendetem Concurse, also nach Fortfall der Masse (des Objectes der Forderung) eben jene Ansprüche noch eingeklagt werden könnten. Da aber auf Grund des §. 280 von dem Ober-Tribunal selbst zugestanden wird, daß die gar nicht oder nicht vollständig befriedigten Gläubiger nach beendigtem Concurse gegen den Gemeinschuldner klagen können, so müssen doch jene Ansprüche wohl auch eine Beziehung haben, weche nicht die Concursmasse berührt. Das Ober-Tribunal fährt fort:

„Zu den im §. 8 gedachten Forderungen gehören alle Geldforderungen, also auch Wechselforderungen. Daß sie vorzugsweise durch Personal-Arrest beigetrieben werden können, nimmt ihnen diesen Charakter nicht, und zwar um so weniger, als der §. 9 allgemein verordnet:

Exekutionen gegen den Gemeinschuldner, welche auf Vollstreckung des Personal-Arrestes gerichtet sind, können nach der Concurs-Eröffnung, Behufs der Befriedigung einzelner Gläubiger, weder fortgesetzt, noch eingeleitet werden."

Es wird dann weiter gesagt: Der Personal-Arrest als indirektes Zwangsmittel gegen die Angehörigen des Cridars sei nach Inhalt der Motive zur Concurs-Ordnung absichtlich beseitigt, ebenso die Ausnahme des Anhangs §. 319 zu §. 27 Thl. I. Tit. 50 A. G. O., und das ältere Präjudiz Nr. 1845 vom 15. März 1847, „nach welchem eine Classification im Concurse den Lauf der Verjährung gegen den Gemeinschuldner nicht unterbricht (Entsch. Band 14. S. 218), sei ohne Einfluß, da das Präjudiz nur auf die ältere Concurs-Ordnung sich bezieht und auf deren Vorschriften gestützt ist, auf die völlig abweichende Concurs-Ordnung vom 8. Mai 1855 also jedenfalls keine Anwendung finden würde."

Die Heranziehung des §. 9 l. c. zur Entscheidung der hier erörterten Streitfrage, ob die Klage gegen den Cridar zulässig ist, erscheint nicht zutreffend, denn wenn aus Rücksichten des öffentlichen Interesses die Exekution zeitweise versagt ist, so folgt daraus noch nicht, daß die Klage versagt sein müsse. So kann z. B. unter Umständen ein Schuldner sich durch den Antrag auf gerichtliche Zahlungsstundung gegen die Exekution schützen, während jener Antrag nicht schon gegen die Feststellung des Anspruchs im Rechtswege gerichtet werden kann. Es ist ferner allerdings mit dem Ober-Tribunal anzunehmen, daß das Vorzugsrecht der Wechselforderungen vor anderen Forderungen, welches sich auf den Anhangs §. 319 gründet, in die neue Concurs-Ordnung nicht übernommen ist, und daß auf Grund dieser Gesetzesstelle eine Separatklage aus Wechseln nicht zulässig ist, es ist jedoch andererseits zu bedenken, daß wie vorstehend gezeigt, die neue Concurs-Ordnung wegen aller Forderungen Separatklagen gegen den Cridar zuläßt, und daß aus diesem Grunde auch Wechselseparatklagen gegen den Gemeinschuldner während des Concurses angestellt werden können.

Endlich ist sehr zu bedauern, daß sich das Tribunal nicht näher darüber ausgesprochen hat, weshalb das Präjudiz vom 15. März 1847 für die neue Concurs-Ordnung nicht maßgebend ist. Man sollte meinen, daß wenn nach altem Rechte die Classification im

Concurse den Lauf der Verjährung gegen den Gemeinschuldner nicht unterbreche, dies nach neuerem Verfahren, in welchem der Regel nach kein Richterspruch über die Liquidate ergeht, und die Gläubigerschaft sicher noch weniger als früher den Cridar vertritt, um so mehr der Fall sein müsse.

Die Gründe jener Entscheidung stimmen mit den hier festgehaltenen Grundsätzen wesentlich überein, und passen vortrefflich auch auf die neue Concurs-Ordnung. Sie lauten wie folgt:

„Die auch im Appellationsurtel aufgestellte Ansicht, daß das Locationsurtel im Concurse nur zwischen den Creditoren und nicht auch gegen den Gemeinschuldner ergehe, ist die richtige, denn, wenn auch nach §. 114. Tit. 50. Thl. I. A. G. O. der Gemeinschuldner zum Liquidationstermine mit vorgeladen werden soll, um dem Contradictor über die Ansprüche der Gläubiger Auskunft zu ertheilen, und diese sich auf den Concurs einlassen müssen, wenn sie nicht mit ihren Ansprüchen an das in Beschlag genommene Vermögen präcludirt werden wollen, so wird doch der Gemeinschuldner eben nur in Bezug auf dieses Vermögen seiner Disposition entsetzt, und nur insofern durch den Concurs-Curator vertreten. Auf den Widerspruch des Gemeinschuldners bei sonst von dem Curator für richtig befundenen Forderungen wird überhaupt gar keine Rücksicht genommen, und die Wirkung der Concurs-Eröffnung besteht in dieser Beziehung nach §. 33 l. c. einzig und allein darin, daß die Gläubiger auf den Inbegriff des Vermögens, welches der Gemeinschuldner zur Zeit der Eröffnung des Concurses besitzt, oder während desselben erwirbt, ein allgemeines Pfandrecht erlangen. Auf etwas Weiteres haben die Gläubiger kein Recht; beabsichtigen sie, sich an dessen Person zu halten, oder in sein künftiges Vermögen Rechte zu erwerben, so liegt ihnen ob, deshalb besonders klagbar zu werden. Ebensowenig, wie nach §. 145 l. c. ein präcludirter Gläubiger durch die Präclusion die Rechte an die Person des Gemeinschuldners und dessen künftiges Vermögen verliert, und blos seiner Ansprüche an die Masse verlustig geht, ebensowenig kann ein angesetzter Gläubiger seine im Classificationsurtel nur gegen die Masse zugesprochenen Rechte ohne Weiteres gegen den Gemeinschuldner geltend machen. Andernfalls müßte ein solcher Gläubiger aus dem Classificationsurtel die Execution gegen den Cridarius nachzusuchen berechtigt sein, was nicht der Fall ist. Daß einem Verschwender nach aufgehobener Vormundschaft die gegen seinen Curator ergangenen Judicate entgegenstehen, kann eine analoge Anwendung auf den Gemeinschuldner nicht finden; jener wird in allen seinen Vermögensbeziehungen durch seinen Vormund vertreten, während bei diesem die Vertretung sich nur auf die Concursmasse bezieht. Der Curator und der Gemeinschuldner bleiben stets verschiedene Rechts-Subjecte, und da res judicata nur jus facit inter partes, und es in der That nicht wohl einzusehen ist, wie ein auf den Grund eines Prozesses abgefaßtes Erkenntniß, in welchem der Gemeinschuldner gar nicht Partei war, demselben entgegenstehen soll, so kann auch von einer Unterbrechung der Verjährung der Zinsen durch die Location im Concurse nicht die Rede sein.

Es ist zu zeigen versucht, daß die Gründe, aus welchen das Ober-Tribunal die Klage gegen die Gemeinschuldner ausschließt, nicht überzeugend sind. Während nach der hier vertretenen Theorie die Consequenzen sich von selbst ergeben, und alle sich an die Verjährung knüpfenden Fragen leicht zu entscheiden sind, sind die Folgerungen des Ober-Tribunals auch in sich nicht schlüssig, und es läßt sich gar nicht voraussehen, wie über einzelne, bisher noch nicht zur Entscheidung gekommene, an den Einfluß des Concurses auf die Verjährung der Forderungen sich knüpfende Fragen erkannt werden wird.

Die Folgerungen, welche das Ober-Tribunal aus dem Grundsatze der Nichtzulässigkeit von Klagen gegen den Gemeinschuldner während des Concurses gezogen hat, sollen zuvörderst der Betrachtung unterzogen werden. Es sagt (Striethorst, Band 31. S. 344):

„Die Verjährung der Wechselansprüche muß in Folge jenes Grundsatzes nach den §§. 516, 517. Thl. I. Tit. 9. A. L. R. so lange für ausgeschlossen geachtet werden, als der Wechselgläubiger verhindert ist, eine Wechselklage gegen den Wechselverhafteten selbst anzustellen,

d. h. nach den §§. 8 u. 9 der Concurs-Ordnung bis zur Beendigung des über dessen Vermögen eröffneten Concurses."

Die §§. 516 517 bestimmen aber:

§. 516. Auch gegen den, welcher sein Recht zu gebrauchen, oder zu verfolgen gehindert wird, kann keine Verjährung anfangen.

§. 517. Es macht dabei keinen Unterschied: ob das Hinderniß in der Natur und Beschaffenheit des Rechts selbst liegt, oder von außen her entsteht.

Diese Gesetzesstellen handeln offenbar nur von einem Grunde, welcher den Anfang der Verjährung ausschließt, und können nicht die Ansicht rechtfertigen, daß auch ihr Lauf unterbrochen sei; sie beziehen sich aber m. E. überhaupt nicht auf den Fall, wenn der Gesetzgeber positiv eine Klage versagt hat, weil für diesen Fall spezielle Vorschriften gegeben sind. Es sind dies die §§. 528. ff. Thl. I. Tit. 9. Allg. L. R. Das Ober-Tribunal hat denn auch jenen §. 528 mitherangezogen (Striethorst, Bd. 31 S. 350). Derselbe lautet:

§. 528. Gegen den, welchem das rechtliche Gehör versagt wird, kann keine Verjährung angefangen werden.

Der §. 529 setzt hinzu:

Auch wenn ein solches Hinderniß im Laufe der Verjährung eintritt, wird die Fortsetzung derselben so lange unterbrochen, als das Hinderniß dauert.

Hält man dies fest, so ist die Wechselverjährung (Anfang und Lauf) ausgeschlossen von dem Momente der Concurseröffnung bis zu dem Momente der Concursbeendigung.

Diesen Folgesatz hat das Ober-Tribunal, soweit bekannt, aber fast in keinem Falle festgehalten.

Der Concurs kann entweder in Folge außergerichtlicher Einigung, oder durch Ausschüttung der Masse, oder endlich durch Accord beendigt werden. Ueber die Art der Beendigung bestimmt die Concurs-Ordnung für diese drei Fälle:

a. §. 210. Wenn .... der Gemeinschuldner .... nachweist, daß sämmtliche Gläubiger, welche ihre Forderungen angemeldet haben, in die Aufhebung des Concurses willigen, so ist mit der Einstellung des Concurses zu verfahren.

Ob in einer besonderen Verfügung des Commissars, oder in einem Beschlusse des Gerichts gesagt werden muß, daß das Verfahren eingestellt werde, und ob jene Verfügung oder dieser Beschluß publizirt werden soll, ist nicht angeordnet.

b. §. 277. Mit der Vollziehung der Schlußvertheilung ist der Concurs beendigt.

Das Gericht hat durch einen Beschluß die Beendigung des Concurses auszusprechen, und dieselbe öffentlich bekannt zu machen.

Es sei hier hervorgehoben, daß das Ende des Concurses an das Faktum der Schlußvertheilung, nicht an den Beschluß des Gerichts, nicht an dessen Publication, nicht an die Kenntniß geknüpft ist, welche etwa ein Gläubiger von der Publication erhalten hat. Für die Publication ist eine bestimmte Form nicht vorgeschrieben.*)

c. §. 199. Sobald diese Maßregeln (zur Sicherung der Erfüllung der accordmäßigen Verpflichtungen) getroffen worden sind, ist der Concurs beendigt.

Der Gemeinschuldner erhält das Verwaltungs- und Verfügungsrecht über sein Vermögen zurück . . .

Den Gläubigern, deren Forderungen nicht bereits im Concurse festgestellt worden sind, bleibt überlassen, ihre Ansprüche gegen den Gemeinschuldner auszuführen . . .

Anhängige Prozesse gehen auf den Gemeinschuldner in der Lage über, in welcher sie sich zur Zeit der Beendigung des Concurses befinden. Das Gericht hat öffentlich bekannt zu machen, daß der Concurs durch Accord beendigt worden ist.

Auch hier ist das Ende des Concurses an die Thatsache geknüpft, daß die gedachten Maßregeln getroffen sind, nicht aber an die Veröffentlichung des Gerichts, daß der Concurs beendigt worden ist. Diese Publication ist eine Folge des eingetretenen Endes des Concurses, nicht aber selbst der terminus a quo seiner Beendigung. Würde daher ein Gericht durch Versehen oder sonst die Publication unterlassen, oder nicht gehörig bewirken, so würde dies für die Frage, ob der Concurs zu Ende ist, gleichgültig sein. Sobald die näher bezeichneten Maßregeln getröffen sind — sagt das Gesetz — ist der

*) Vergl. Entscheidung des Ober-Tribunals vom 28. Mai 1859. Striethorst, Band 33 S. 265.

Concurs beendigt, der Cridar tritt activ und passiv in die schwebenden Prozesse ein, und erlangt seine volle Dispositionsfähigkeit.

Es ist nun zu prüfen, wie das Ober=Tribunal seinen obigen Grundsatz von der Verjährung im Einzelnen angewendet hat. Ein Fall, in welchem diese Frage bei einer Beendigung des Concurses durch außergerichtlichen Vergleich zur Entscheidung gekommen wäre, ist bisher nicht bekannt geworden. Welchen Moment das Ober=Tribunal in einem solchen Falle als denjenigen ansehen würde, von welchem ab Wechselklagen gegen den Cridar wieder zulässig sein sollen, ist nicht vorherzusehen. Die Entscheidung mag getroffen werden wie sie will, sie kann nicht anders als willkürlich ausfallen, weil das Gesetz die durch Einstellung des Verfahrens erfolgende Concursbeendigung an kein bestimmtes, äußerlich erkennbares Faktum geknüpft hat. —

Dagegen liegen mehrfache Entscheidungen des Ober=Tribunals für die beiden Fälle vor, in welchen, sei es durch Ausschüttung der Masse, sei es durch Accord, der Concurs beendigt wurde. Merkwürdigerweise hat der höchste Gerichtshof in diesen beiden Fällen das Prinzip verlassen, auf welches er allein seine Verjährungslehre in der hier beregten Frage aufbaut. Statt in Consequenz der §§. 528, 529. Th. I. Tit. 9. Allg. L.=R. dabei zu verharren, daß von der Beendigung des Concurses ab in jenen Fällen die Verjährung ihren Fortlauf, beziehungsweise ihren Anfang nimmt, befindet das Ober=Tribunal: daß, wenn die Masse ausgeschüttet worden, die Verjährung von der Publication der Concursbeendigung, und, wenn der Accord geschlossen worden, von der Fälligkeit der ersten Rate zu laufen anfängt. Beide Folgerungen sind zu bestreiten, auch wenn man den obersten Grundsatz des Tribunals von der Nichtzulässigkeit der Klagen gegen den Gemeinschuldner während des Concurses zugiebt. Im Falle der Ausschüttung der Masse ist — wie oben dargethan — der Concurs mit der Schlußvertheilung beendet, im Falle des Accordes mit der Vollendung der Maßregeln, welche die Erfüllung der accordmäßigen Verpflichtungen sichern. Dies ist positiv bestimmt, und deshalb erscheint es unzulässig, irgend einen andern Moment, z. B. die Publication des Beschlusses, für die Concursbeendigung zu substituiren.*)

---

*) Dagegen Erkenntniß des Ober=Tribunals vom 2. December 1858. Entsch, Bd. 40. S. 396.

An einem anderen Orte ist von mir schon angedeutet, wie unzweckmäßig, dem praktischen Bedürfnisse widersprechend es ist, den terminus a quo der neuen Verjährung an die Publication der Concursbeendigung zu knüpfen, für welche bestimmte Formen im Gesetze nicht vorgeschrieben sind. Dies haben Gerichtshöfe, welche im Allgemeinen die Ansicht des Ober-Tribunals adoptirten, gefühlt und deshalb gesucht, um irgend einen bestimmten Termin zu gewinnen, mindestens eine Art der Publication, den gerichtlichen Aushang*) der Verfügung über die Concursbeendigung als entscheidend gelten zu lassen. Dies ist vom Ober-Tribunal indeß wieder reprobirt**), und die Sache jetzt in die Lage gebracht, daß der Gläubiger gar nicht wissen kann, wo und wie die Concursbeendigung veröffentlicht werden wird, daß ihm aber trotzdem von der geschehenen Publication ab die Verjährung läuft. — Nicht weniger widerspricht den Bedürfnissen des Verkehrs***) die Festsetzung des Anfangspunktes der neuen Verjährung auf den Fälligkeitstermin der ersten Accordrate. Diese Rate wird häufig schon während des Concurses aus den Depositalbeständen gezahlt; es entstehen dann neue Zweifel, von wo ab in diesem Falle die Verjährung beginnt, da doch vor publicirter Concursbeendigung nach Ansicht des Tribunals überhaupt nicht†) geklagt werden kann. Sieht man auch von solchen aus der faktischen Gestaltung entstehenden Schwierigkeiten ab, so bleibt doch rechtlich immer zu fragen: wenn der Concurs ein Klagehinderniß ist, welches mit der Beendigung aufhört, wie kommt es,

a. daß eine neue Verjährung eintritt, und nicht die bereits vor dem Concurse begonnene zu laufen fortfährt?

b. daß erst von der Fälligkeit der ersten Accordrate jene neue Verjährung beginnen soll.

In Betreff der ersteren Frage findet sich allerdings keine Entscheidung des Ober-Tribunals, welche ex pressis verbis ausspräche, daß die vor der Concurseröffnung verflossene Zeit auf die Verjährung nicht anzurechnen sei; es ist andererseits jedoch auch kein Fall be-

*) Mehrere kammergerichtliche Enscheidungen.

**) Entscheidung des Ober-Tribunals vom 28. Mai 1859. Striethorst, Bd. 33. S. 265.

***) s. Anhang I.

†) s. Striethorst Archiv Bd. 33. S. 290.

kannt geworden, in welchem das Ober-Tribunal die vor dem Concurse abgelaufene Verjährungszeit mit in Anrechnung gebracht hätte, und doch ist nicht anzunehmen*), daß unter allen veröffentlichten Erkenntnissen jenes Gerichtshofes keines einen Fall betroffen hätte, in welchem die Wechselklage nicht schon vor der Concurseröffnung hätte angestellt werden können. Es mag deshalb noch als zweifelhaft angesehen werden, wie das Ober-Tribunal jene Frage, wenn sie zur prinzipiellen Entscheidung kömmt, beantworten wird.

Dagegen findet sich die zweite Frage in dem Striethorst, Bd. 32 S. 243, referirten Falle erörtert. Es heißt dort:

„Der vorige Richter hat die Verjährung des von den Klägern geltend gemachten wechselmäßigen Anspruchs deshalb als bereits begonnen und vollendet (Art. 78 Allg. deutsche Wechsel-Ordnung) angesehen, weil der Concurs über das Vermögen des Verklagten im Wege des Accordes schon am 3. Juli 1858 beendigt gewesen, dies an demselben Tage öffentlich bekannt gemacht worden, und seit dieser Zeit bis zum 7. und 8. Oktober 1858, an welchem Tage den Verklagten die Klage insinuirt worden, die dreimonatliche Verjährungsfrist verstrichen war. Hierbei waltet jedoch insofern ein rechtsgrundsätzlicher Verstoß vor, als die Beendigung des Concurses, falls sie im Wege des Accordes erfolgt, nicht unbedingt, sondern nur dann das Beginnen der Verjährung durch Nichtgebrauch gestattet, wenn die Forderungen der Concursgläubiger sofort mit Aufhebung des Crideverfahrens in Gemäßheit des Accordes zahlbar werden', der Zeitpunkt der Fälligkeit der Accordrate aber in der angefochtenen Entscheidung für die Beantwortung der Verjährungsfrage ausdrücklich als unerheblich erklärt worden ist. Hierdurch ist gegen die Vorschrift des §. 545 Th. 1 Tit. 9 Allg. L.-R. gefehlt, und die deshalb von dem Imploranten erhobene Beschwerde ganz gerechtfertigt. Ist es auch richtig, daß der im Concurse geschlossene Accord, wenn er gleich die Forderungen der Gläubiger bestreitet (befristet?), nur deren Zahlbarkeit, die Erzwingbarkeit im Wege der Execution

*) Die zur Beurtheilung dieser Frage nöthigen Daten sind in den Erkenntnissen nicht immer angegeben.

hinausschiebt, dagegen deren rechtliche Natur nicht verändert, und keine andere als die hiernach gesetzlich stattfindende Verjährungsfrist in Bezug auf deren Dauer begründet, so kann andererseits die letztere doch erst von demjenigen Tage anfangen, an welchem accordmäßig sich die Zahlung der auf die Forderungen zur Hebung kommenden Beträge beanspruchen läßt, indem nach der angezogenen Gesetzesstelle das Beginnen der Verjährung vom Eintritte des Tages abhängig ist, an welchem die Erfüllung der Verbindlichkeiten zuerst verlangt werden kann. Früher ist eine Rechtsverletzung nicht vorhanden, und es kann vor der Fälligkeit der Accordraten von einer Versäumniß, von einer Verjährung durch Nichtgebrauch nicht die Rede sein."

Näher ausgeführt ist der hier angedeutete Gedanke in der Entscheidung vom 28. Mai 1859, Striethorst, Bd. 33 S. 265.

„Es läßt sich nicht annehmen — sagt das Ober-Tribunal — daß die Verjährung der Wechselklage nur für die einzelnen Accordraten je einzeln nach ihren Fälligkeitsterminen zu berechnen und zu statuiren sei .... Denn den hier einschlagenden Bestimmungen der Concurs-Ordnung (§§. 197 ff.) ist eine Unterscheidnng der einzelnen Accordraten in Betreff der Verjährung fremd. Dieselben lassen im Gegentheil keinen Zweifel darüber zu, daß die Gläubiger ihre Forderungen, die gleich der des Imploranten nicht bereits in dem Concurse des Schuldners festgestellt sind, falls sie auf den Inhalt und die Vortheile des Accords Anspruch machen wollen, vorangehend eben so ungetheilt, wie dies im Concurse selbst geschehen mußte, gegen den Gemeinschuldner zur Ausführung und Feststellung bringen müssen, daß daher diese Feststellung nicht beliebig auf Feststellung der Befugniß, einzelne Accordraten für sich in Anspruch zu nehmen, beschränkt ist, und im Interesse sowohl der Gläubiger als des gewesenen Gemeinschuldners und der ordnungsmäßigen Abwickelung der Cride auch nicht beschränkt sein konnte. Spätestens mit der Fälligkeit der ersten Accordrate trat daher für sie jene Verpflichtung zur nachträglichen Ausführung und Feststellung ihrer Forderungen ein und mußte, wenn nicht innerhalb der Verjährungsfrist erledigt, auch den Verlust des Anspruchs durch Verjährung nach sich ziehen. Ebenso läßt sich der §. 545. Th. I. Tit. 9. Allg. L.-R. von dem Imploranten nicht zu dem Rechtssatze ausbeuten:

> daß eine Verjährung, wenn der Concurs durch Accord beendigt worden, nicht eher beginnen könne, als für jede einzelne Accordrate mit deren Fälligkeitstermine."

Nach dem hier Mitgetheilten hat das Ober-Tribunal die Ansicht, daß mit der Concursbeendigung die Verjährung von Neuem beginne, für den Fall eines Accordes gänzlich verlassen, und dafür angenommen, daß in einem solchen Falle innerhalb drei Monaten nach der Fälligkeit der ersten Rate, wenn sie nur nach der Publication der Concursbeendigung fällig wird, die Wechselregreßklage bei Verlust des Rechts behändigt sein muß. — Es folgt hieraus, daß nicht nur der Concurs, sondern nach dessen Wegfall noch ein anderes Hinderniß der Klageanstellung als vorhanden angenommen wird. Dies Hinderniß wird in den durch den Accord über die Fälligkeit der Raten getroffenen Abreden gefunden.

Ist es schon bedenklich, gegenüber der unzweideutigen Bestimmung des Art. 80 der Allgemeinen deutschen Wechsel-Ordnung: „Die Verjährung wird nur durch Behändigung der Klage unterbrochen", den Concurs als eine Unterbrechungsart der Verjährung anzunehmen, so ist es in erhöhtem Maße, dies für die accordmäßigen Abreden zu statuiren. Der §. 545 l. c., auf welchen das Ober-Tribunal sich bezieht, lautet wie folgt:

> Gegen andere Rechte (als jura discontinua) fängt die Verjährung von dem Tage an, wo die Erfüllung der Verbindlichkeit zuerst gefordert werden konnte.

Nun wird man doch zugeben, daß die Erfüllung der Regreßverbindlichkeit von dem Wechselinhaber zuerst an dem Tage gefordert werden kann, an welchem er Protest Mangels Zahlung gegen den Acceptanten hat erheben lassen, beziehungsweise an welchem er den Wechsel eingelöst hat. Wenn ein solches Recht, die Erfüllung zu fordern, einmal entstanden ist, bevor der Schuldner in Concurs fiel, so mag der Concurs ein Hinderniß der Verfolgung sein, niemals aber kann angenommen werden, daß noch ein zweiter Zeitpunkt für die neue Entstehung der actio vorhanden sei. Aus dem §. 545 läßt sich daher für alle solche Fälle nur folgern, daß actio nata am Tage der Protesterhebung resp. der Einlösung gewesen sei, nicht aber, daß die actio erst mit der Fälligkeit der Rate entstanden sei. Sieht man einmal von dem Falle des Concurses ab, so wird doch Niemand annehmen, daß wenn ein dem Regresse unterliegender Wechselschuldner über die successive Tilgung seiner Verbindlichkeit mit dem Gläubiger paciscirt (gerichtlich oder außergerichtlich), hierdurch auch die Wechselverjährung geändert werde, und diese erst beginne, wenn die erste Rate nach der Abrede fällig ist. Dies annehmen, hieße den ganzen Charakter des Wechsels untergraben. Es ist nun nicht erfindlich, wie die Sache dadurch sich ändern solle, daß ein Schuldner mit mehreren seiner Gläubiger im Concurse dergleichen Abreden trifft. Aus dem Wechsel haftet er nicht, wenn die durch die Wechsel-Ordnung vorgeschriebene, durch die Abrede der Privaten nicht zu ändernde Frist versäumt ist; ob aus dem pactum adjectum, mag hier dahin gestellt bleiben, doch wenn dies der Fall ist, so findet auf die hiernach fälligen Raten, die alsdann nicht aus dem Wechsel geschuldet werden, auch nicht die Wechselverjährung Anwendung, und am allerwenigsten bildet die erste zu leistende Theilzahlung den terminus a quo der Verjährung für alle Raten.

Meines Erachtens ist die Feststellungsklage, welche gegen den ehemaligen Cridar, dessen Concurs durch Accord beendet worden, angestrengt wird, mit der Wechselklage identisch; beide bezwecken einen Richterspruch herbeizuführen, welcher das Recht des Klägers aus dem Wechsel feststellt; bei der Wechselklage wird der Regel nach von dem Richter die Consequenz gezogen, daß der Verklagte nicht nur die Wechselsumme schuldig sei, sondern auch bei Vermeidung der Rechtshilfe den vollen Betrag zahlen müsse; bei der Feststellungsklage kann außer der Feststellung des klägerischen Rechts auch speziell festgesetzt werden, wann und wieviel der Verklagte dem Accorde gemäß zu zahlen habe. Es scheint mir deshalb, daß die Feststellungsklage denselben Regeln unterliegt, wie die Wechselklage, also auch ihrer Verjährung. Die Feststellung des Anspruchs kann aber gefordert werden, auch ehe eine Rate fällig ist; in den meisten Accorden wird sogar ausdrücklich bedungen, daß die erste Rate erst so und so viel Zeit nach der rechtskräftigen Feststellung der Forderung zahlbar sein solle. Wenn die Ansicht des Ober-Tribunals richtig wäre, daß bei Fälligkeit der ersten Rate die Erfüllung der Verbindlichkeit zuerst gefordert werden könnte, und dann erst actio nata sei, so müßte man auch annehmen, daß der Gläubiger in der Zeit zwischen der Concurs-beendigung und der Fälligkeit der ersten Rate gar nicht klagen könne, denn ein Klagerecht ist nicht vorhanden, wenn nicht actio nata ist. Eine solche Consequenz wird das Ober-Tribunal aber selbst nicht ziehen wollen. —

Es ist zu zeigen versucht, daß die Theorie des Ober-Tribunals weder überzeugende Gründe für sich hat, noch dem Bedürfnisse des praktischen Verkehrs genügt, noch endlich die Prinzipien so feststellt, daß ihre Anwendung auf die einzelnen Fälle sich mit einiger Sicherheit voraussehen läßt. Das letztere ist aber eine unabweisbare Nothwendigkeit, wenn nicht die Parteien durch ein ungewisses Recht erhebliche Verluste erleiden sollen.

Die einzige Stimme, welche sich, so viel ich habe finden können, in der Literatur über die Theorie des Ober-Tribunals und die hier angeregte Frage ausgesprochen hat, ist Borchardt in Goldschmidt's Zeitschrift für das gesammte Handelsrecht 2. Jahrgang 1. Heft.

Die Ansicht desselben, welche ohne nähere Begründung gegeben ist, geht dahin: der Concurs hindert weder den Lauf noch den Beginn der Verjährung; die Liquidation vertritt die Stelle der gegen den Cridar unzulässigen Wechselklage, und unterbricht die Verjährung, auch wenn die Anmeldung dem Verwalter nicht behändigt ist. Die Verjährung beginnt wieder mit der Publikation der Concursbeendigung. — Für den Fall, daß man annehme, der Concurs hindere den Anfang der Verjährung, schließt sich Borchardt überall den oben referirten Ansichten des Ober-Tribunals an.

Das bisher Vorgetragene wird zugleich zur Widerlegung dieser Sätze dienen.

c. Die Betheiligung an mehreren Concursen.

Nächst der Frage nach der Wechselverjährung haben die Verwickelungen, welche dadurch entstehen, daß ein Wechsel in einem oder in verschiedenen Concursen zur Perception kömmt, die meisten Schwierigkeiten bereitet. Der Kern der neuen Lehre ist in den §§. 86 und 87 der Concurs-Ordnung enthalten. Diese Gesetzesstellen lauten:

§. 86. Mitschuldner (oder Bürgen) des Gemeinschuldners können wegen der Zahlungen, welche sie auf die Forderung des Gläubigers geleistet haben, einen Anspruch auf Ersatz in dem Concurse geltend machen, soweit ihnen der Rückgriff gegen den Gemeinschuldner zusteht. Dagegen können sie in soweit, als die Forderung noch unbezahlt ist, keinen Anspruch auf Ersatz der von ihnen für den Gemeinschuldner auf die Forderung künftig noch zu leistenden Zahlungen liquidiren, vielmehr sind sie nur berechtigt, mittelst Befriedigung des Gläubigers in dessen Rechte gegen die Masse einzutreten.

§. 87. Wenn über das Vermögen mehrerer Personen, welche für eine Forderung solidarisch haften, der Concurs eröffnet worden ist, so kann der Gläubiger in jedem einzelnen Concurse den ganzen Betrag seiner Forderung geltend machen.

Dasjenige, was bei der Vertheilung der einzelnen Massen auf diesen Betrag fällt, wird an den Gläubiger gezahlt, bis derselbe wegen der Forderung vollständig befriedigt ist.

Die Concursmassen haben in einem solchen Falle wegen der an den Gläubiger geleisteten Zahlungen keinen Rückgriff gegen einander, wenn der Gesammtbetrag der Summen, welche aus den sämmtlichen Massen auf die Forderung des Gläubigers vertheilt werden, den Betrag nicht übersteigt, welcher dem Gläubiger gebührt. Ergiebt sich dagegen bei den Vertheilungen, nach der Befriedigung des Gläubigers, ein Ueberschuß, so findet auf Höhe desselben der Rückgriff nach dem Verhältnisse statt, in welchem die einzelnen Gemeinschuldner unter sich zur Berichtigung der Forderung verpflichtet sind.

Wie sehr diese Bestimmungen gegen sonst allgemein anerkannte Rechts-Grundsätze verstoßen, ist in Koch's und Goltdammer's Commentarien zu diesen Paragraphen ausgeführt; in der Praxis treten die Härten schroff hervor.

Jene Bestimmungen haben indeß gesetzliche Geltung, und es bleibt zu erörtern, wie sich nach denselben die Rechtsverhältnisse in den verschiedenen Fällen gestalten.

Der §. 86 handelt von dem Falle, wenn ein Mitverpflichteter in Concurs geräth, der §. 87 von dem, wenn mehrere Solidarschuldner in Concurs verfallen.

Die Bestimmung des §. 86 ist an sich klar; sie besagt, daß die Regreßforderungen der Mitschuldner erst dann und nur soweit im Concurse angemeldet werden können, als der Mitschuldner bereits Zahlungen geleistet hat. Eventuelle Regreßforderungen können nicht geltend gemacht werden. Es wird deshalb bei den etwaigen Vertheilungen der Masse auf solche nur event. Regreßverpflichtungen des Cridars keine Rücksicht genommen. Daher kömmt es, daß wenn der Gläubiger erst spät den Correus des Gemeinschuldners in Anspruch nimmt, diesem oft jedes Mittel, zu seiner Regreßforderung zu gelangen, abgeschnitten ist, und er wegen seiner verspäteten Anmeldung sich die Vertheilungen gefallen lassen muß, welche inzwischen geschehen sind. Bei dem Bürgen liegt die Sache anders, denn dieser wird nach allgemeinen Grundsätzen dem Gläubiger insoweit nicht verhaftet sein, als ihm derselbe durch seine Negligenz den Regreß an die Masse abgeschnitten hat. *)

Verwickelt werden die Fragen über die zulässigen Anmeldungen, wenn von mehreren Mitverpflichteten Zahlungen auf eine Correalschuld geleistet werden.

Hier müssen vor Allem zwei Arten von Zahlungen auseinander gehalten werden.

Die Zahlung, welche ein Correus an den gemeinschaftlichen Gläubiger leistet, kann doppelter Natur sein; entweder bezweckt sie, dem Gläubiger ein Entgeld dafür zu leisten, daß er den Zahlenden seiner Mitverhaftung entläßt, oder sie ist bestimmt, die gemeinsame Schuld ganz oder theilweise zu tilgen. Zahlungen ersterer Art kommen im Verkehre sehr häufig vor; sie erfolgen nicht als theilweise Erfüllung der vorhandenen Schuld, sondern als Gegenleistung für die Entlassung des zahlenden Correus aus der Schuld. Die Schuld selbst wird durch Zahlungen solcher Art nicht gemindert; sie bleibt den anderen Correis gegenüber in voller Kraft, und kann daher im Concurse derselben zu ihrem vollen Betrage angemeldet werden. Wenn daher ein Gläubiger mit fünf von seinen Correis sich dahin geeinigt hätte, daß Jeder gegen Entlassung aus der Mitverhaftung ihm 20% des Schuld-Betrages zahlen solle, so wird er auch nach Empfang dieser 100% vollständig befugt bleiben, seine ganze For-

*) S. hierüber Anhang III. Nr. 1.

derung im Concurse des sechsten Correus zu liquidiren. Aus dem pactum in personam, welches der Gläubiger mit Jedem der fünf anderen Correi geschlossen hat, kann der Sechste einen Einwand nicht herleiten.

Anders verhält es sich mit den Zahlungen, welche ein Mitschuldner zur gänzlichen oder theilweisen Tilgung der Schuld leistet. Diese Zahlungen mindern die Schuld um das Bezahlte, und mag dem zahlenden Correus auch ein Regreß an seine Mitverpflichteten zustehen, dem Gläubiger gegenüber sind alle Correi um den Betrag des Gezahlten befreit. Wenn von den drei Solidarschuldnern A, B und C der Eine: A 50% der Schuld abzahlt, so hat der Gläubiger nur noch den Rest von 50% zu fordern, und kann deshalb, wenn nun über das Vermögen Eines der Correi Concurs ausbricht, nicht mehr als die restirenden 50% liquidiren. Es bedarf kaum der Erwähnung, daß durch den Concurs eines Schuldners das Recht des Gläubigers an sich nicht vergrößert werden kann. Hieraus müßte folgen, daß in dem gegebenen Falle der Gläubiger, wenn nach empfangenen 50% über A, B und C Concurs eröffnet wird, zwar den Rest von 50% in jedem dieser Concurse liquidiren könne, — denn dies eben ist die Natur der Correalschuld, daß der Gläubiger jeden Mitschuldner auf die ganze validirende Schuld belangen kann — daß aber jede Abschlagszahlung, welche er in einem dieser Concurse empfängt, insoweit die gemeinsame Schuld vermindert. In den anderen Concursen müßte die Dividende immer nur nach Maßgabe der jedesmal vorhandenen Restschuld geleistet werden, woraus für den Gläubiger der Nachtheil entstände, daß wenn alle Correi im Concurse sind, er jedenfalls einen Ausfall an seiner Forderung erleiden müßte, weil der letzte Zahler nur eine Dividende auf die derzeitige Restforderung leistet.

Diesem Uebelstande ist für das Preußische Recht durch den §. 87 der Concurs-Ordnung abgeholfen, jedoch ist wohl zu beachten, daß diese positive Vorschrift mit den allgemeinen Rechtsgrundsätzen von den Wirkungen der durch Correalschuldner geleisteten Abschlagszahlungen in Widerspruch steht. Jene singulaire Bestimmung wird deshalb strictissime zu erklären, und nicht etwa als ein Princip zu erachten sein, welches ausdehnende Anwendung leidet.

Dies vorausgeschickt, bleibt hervorzuheben, daß der §. 87 nicht

Anwendung findet auf solche Theilzahlungen, welche vor eröffnetem Concurse geleistet sind und eben so wenig auf solche, die ein solventer Correus leistet, während die übrigen Correi sich bereits im Concurse befinden. Wenn also von A 50 % geleistet sind, und demnächst erst A, B und C in Concurs verfallen, so kann überall nur der Rest von 50 % liquidirt werden. Wenn ferner nur B und C in Concurs verfallen, und in beiden Concursen dieselben 50 % liquidirt sind, so wird, wenn der solvent gebliebene A eine fernere Abschlagszahlung, etwa 30 % leistet, das Liquidat in jenen beiden Concursen bis auf 20 % vermindert werden müssen. Selbst wenn zur Zeit, da die 30 % geleistet werden, die angemeldete Forderung im Concurse von B und C schon auf je 50 % festgestellt wäre, kann die Dividende doch nur auf den Rest von 20 % verlangt werden. *) Es gilt hier dasselbe, was außerhalb des Concurses gilt. Noch in der Exekutionsinstanz kann der rechtskräftig verurtheilte Correus einwenden, daß nach seiner Verurtheilung der Gläubiger von einem anderen Correus eine Zahlung empfangen habe, die er sich anrechnen lassen müsse.

Den verpflichteten Concursmassen ist nur das Recht genommen, dem Gläubiger, so lange dieser nicht voll befriedigt ist, diejenigen Zahlungen zu opponiren, welche er, während der Concurs bereits schwebte, aus anderen Gantmassen, nicht aber von einem solventen Correus, auf die gemeinsame Schuld erhalten hat.

Der §. 87 setzt daher das gleichzeitige Vorhandensein mindestens zweier Concurse voraus; die Grundsätze desselben werden daher nicht im Falle des §. 86 zur Anwendung kommen, wenn nämlich nur ein Mitverpflichteter in Concurs verfallen ist, oder wenn zwar auch ein zweiter Correus in Concurs versunken, dessen Concurs jedoch bereits beendet und die Dividende gezahlt war, als der Concurs über das Vermögen des Anderen eröffnet wurde.

Nur der zuletzt gedachte Fall möchte zweifelhaft sein, indeß bleibt zu erwägen, daß so lange nur ein Concurs schwebt, die aus demselben gezahlten Dividenden den übrigen solventen Mitschuldnern als Abschlagszahlungen zu Gute kommen. Ist dies aber der Fall, so ist die Forderung des Gläubigers diesen gegenüber einmal vermindert,

---

*) Gegen Renaud a. a. O.

und kann, wenn ex post noch über das Vermögen eines der anderen Mitschuldner Concurs ausbricht, nicht wieder zur ursprünglichen Höhe anwachsen.

Sehr schwierig ist die Anwendung der obigen Grundsätze auf Wechselforderungen gegen mehrere Verpflichtete. Es soll zunächst versucht werden, die einschlagenden Fragen vom theoretischen Standpunkte zu erörtern und demnächst zu prüfen, wie die positive Gesetzgebung, der §. 87 der Concurs-Ordnung, jene Frage löst.

Diejenigen gehen fehl, welche ohne Weiteres die Vorschriften des Civilrechts und die sich aus denselben ergebenden Prinzipien über Correalschulden auf die Wechsel-Verpflichteten anwenden. Denn einerseits sind nicht alle aus demselben Wechsel Verpflichteten Correi, und andererseits ist zu beachten, daß zwar nach gemeinem Recht die Zahlung Seitens eines Correi die Gesammtschuld mindert oder ganz aufhebt, diese Thatsache allein jedoch bei Wechseln nicht ausreicht, um die Wechselschuld zu zerstören. Beides bedarf einer näheren Ausführung; zunächst soll der letztere Umstand in's Auge gefaßt werden.

Die Zahlung, welche ein Wechselverpflichteter leistet, kann, wie oben bereits für sonstige Correalschulden unterschieden, entweder die gänzliche oder theilweise Tilgung seiner Wechselschuld bezwecken, oder lediglich seine Entlassung aus der Mitverhaftung. Je nachdem das Eine oder das Andere bezweckt ist, hat die geleistete Zahlung eine verschiedene Wirkung; nur im ersteren Falle können sich die Correi unter Umständen auf dieselbe berufen.

In dem Band 19 S. 266 der Entscheidungen abgedruckten Erkenntnisse vom 1. Oktober 1849 hatte das Ober-Tribunal den Grundsatz ausgesprochen:

> „daß sich der in Anspruch genommene Wechselverhaftete nur auf eine solche Zahlung unbedingt (sic) berufen dürfe, die er selbst dem Kläger geleistet habe, und daß eine von einem andern Wechselverpflichteten an den Kläger in Bezug auf das streitige Wechselgeschäft geleistete Zahlung einen Einwand für den Verklagten dann nicht begründe, wenn der Kläger nach Form und Inhalt des in seinem Besitze gebliebenen Wechsels der Wechselgläubiger geblieben, und die Verpflichtung des Verklagten aus dem Wechsel nach dessen Inhalt noch als bestehend zu erachten sei.“

Dieser Satz ist in dem Erkenntnisse vom 8. Mai 1858 (Striethorst, Bd. 28 S. 298) jedoch ganz den obigen Ausführungen entsprechend, restringirt. Es heißt dort:

„Gleichwohl (trotz der obigen Grundsätze) kann dem Apellationsrichter, der den Einwand einer von dem Acceptanten des eingeklagten Wechsels auf denselben geleisteten Abschlagszahlung zu Gunsten des verklagten Ausstellers des Wechsels für erheblich erachtet hat, die ihm zur Last gelegte Verletzung des Art. 82 der allg. deutschen Wechsel-Ordnung nicht beigemessen werden.

Jene Rechtssätze sind dann für richtig zu erachten, wenn bei der Seitens des Acceptanten des Wechsels an den klagenden Wechselgläubiger geleisteten Zahlung der Zahlungsleister und Empfänger darüber einig gewesen sind, daß durch dieselben nur die persönliche Wechselverbindlichkeit des Acceptanten getilgt, nicht aber der Wechselnexus überhaupt aufgehoben werden solle. In einem solchen Falle wird sich der im Regreßwege in Anspruch genommene Aussteller der Tratten so wenig gegen den Anspruch des Acceptanten, der den Wechsel durch Giro des befriedigten Gläubigers erworben hat, als gegen die Forderung des letzteren schützen können, der, der empfangenen Zahlung ungeachtet, nach dem Willen des Zahlungsleisters im Besitz des Wechsels und zur Ausübung der mit dessen Inhalt und Form verknüpften Rechte legitimirt hat bleiben sollen.

Anders gestaltet sich aber das Rechtsverhältniß, wenn bei der Seitens des Acceptanten geleisteten Zahlung bezweckt worden ist, das durch den Wechsel begründete Schuldverhältniß überhaupt auf Höhe der geleisteten Zahlung aufzuheben. Dann erlöschen alle wechselmäßigen Verbindlichkeiten, welche durch das Wechselgeschäft erzeugt waren, gegenüber allen durch den Wechselnexus verpflichteten Personen, und es ist unstatthaft, den Wechsel, welcher durch Tilgung der durch ihn begründeten Obligation seine rechtliche Existenz verloren hat, dennoch als solche zu benutzen. Der befriedigte Wechselgläubiger kann, ohne der exceptio doli zu verfallen, nicht dasjenige noch einmal fordern, was er als Zahlung und zum Zwecke der Tilgung des Wechsels empfangen hat. Ob aber durch die einem Wechselgläubiger Seitens des Acceptanten geleistete Zahlung das Wechselgeschäft überhaupt hat zur Abwickelung gebracht, oder ob der Wechsel ungeachtet der Zahlung bei Kräften hat bleiben sollen, fällt in das Gebiet thatsächlicher Feststellung.“

Es hat also das Ober-Tribunal von jener obengedachten Unterscheidung Anwendung gemacht. Es kömmt aber ein zweites hinzu. Selbst wenn eine Zahlung zu dem Zwecke geleistet ist, um die Wechselobligation des Zahlungsleisters zu tilgen, so hat sie diese Wirkung doch nicht, wenn nicht bei gänzlicher Tilgung der Schuld der Zahlungsleister sich den Wechsel hat aushändigen, oder seine Unterschrift auf dem Wechsel hat vernichten lassen, und wenn nicht bei Abschlagszahlungen eine Abschreibung auf dem Wechsel erfolgt ist. Ein Beispiel wird dies klar machen. Der Acceptant einer protestirten Tratte B bezahlt den Wechsel dem Inhaber C, ohne sich den Wechsel aushändigen zu lassen. C nimmt trotz der empfangenen Zahlung Regreß an A, und dieser — ohne Kenntniß davon, daß B gezahlt hat — löst den Wechsel ein. Wenn er nun seinerseits gegen den Acceptanten B vorgeht, so wird dieser ihm nicht opponiren können, er habe an C Zahlung geleistet, dadurch sei die Wechselschuld getilgt, A könne deshalb von ihm Nichts fordern und möge dasjenige, was er (A) an C gezahlt hat, condiciren. Es leuchtet ein, daß, wenn man diesen Einwand zuließe, die ganze Sicherheit des Wechselverkehrs damit schwände. Es könnte Niemand einen protestirten Wechsel einlösen, weil er nicht wissen kann, ob nicht trotz des Protestes vor oder nachher bereits Zahlung vom Acceptanten oder einem andern Wechselverpflichteten geleistet ist. Die Verwerfung dieser Einrede läßt sich auch rechtlich begründen. So gut wie B aus seinem Accepte — ex literis — dem dritten Inhaber in der Regel haftet, auch wenn er civilrechtlich Nichts schuldet, so gut haftet er aus dem unversehrten Accepte noch, wenn er civilrechtlich zwar seine Schuld getilgt, die verpflichtende Schrift aber nicht vertilgt hat. Selbst dem Zahlungsempfänger gegenüber haftet streng genommen der Acceptant noch aus dem Accepte, er kann jedoch die Klage desselben oder die Klage derjenigen, welche lediglich von diesem seine Rechte herleiten, durch die exceptio doli wirkungslos machen, und eine gleiche Einrede steht dem Correus des Acceptanten zu.

Dritten Inhabern des Wechsels gegenüber kann er die Zahlung überhaupt nicht opponiren, und ebensowenig können es daher seine Correi. Es muß deshalb als ein ferneres Requisit einer wechselmäßigen Abschlagszahlung die Erkennbarkeit aus dem Wechsel festgehalten werden.

Ist nach den vorstehenden Richtungen hin eine Abschlagszahlung als wechselmäßig anzusehen, so kömmt sie stets den correaliter aus dem Wechsel verpflichteten Personen als eine solche zu Gute, tilgt in tantum die Forderung, und läßt dem Gläubiger nur das Recht, den Rest seiner Forderung im Concurse der Correi zu liquidiren.

Von solchen wechselmäßigen Abschlagszahlungen gilt Alles, was oben von den sonstigen Zahlungen der Correi gesagt ist, und es findet auf sie die positive Bestimmung des §. 87 in ihrer oben angegebenen Bedeutung Anwendung. Eine sehr wichtige Rücksicht ist jedoch nicht außer Augen zu lassen. Das Gesagte gilt nur von Correis debendi, nicht aber von allen Personen, welche aus einem Wechsel dieselbe Summe, wenngleich unter verschiedenen Bedingungen oder aus verschiedenen Rechtsgründen, schulden.

Correi aus Wechseln sind nur diejenigen Personen, welche dieselbe Wechselerklärung unterschrieben haben, wie mehrere Acceptanten, mehrere Aussteller u. s. w. — Dagegen sind nicht Correi: der Acceptant und der Aussteller, oder Einer von diesen und ein Indossant, oder die verschiedenen Indossanten unter einander. Wenngleich alle diese Personen unter Umständen für dasselbe aufkommen müssen, so haften sie dennoch verschieden und aus besonderen Gründen. Während der Acceptant principaliter verpflichtet ist, sind der Aussteller und die Indossanten nur eventuell verhaftet; ihre Haftbarkeit überhaupt ist von Bedingungen abhängig gemacht, durch welche die Schuld des Acceptanten nicht bedingt ist (Protest); ihre Schuld kann fortfallen, auch wenn die Schuld des Acceptanten noch besteht (Verjährung).

Der Rechtsgrund der Verpflichtung ist auch ein verschiedener. Jeder haftet nur aus seiner Schrift.

Auf diese verschiedenen Rechtsverhältnisse der einzelnen Wechselverpflichteten zu dem Inhaber sind die Vorschriften von Correalschulden unanwendbar. Vielmehr treten hier besondere Grundsätze mit Rücksicht auf die Natur der Wechsel-Verpflichtungen ein.

Sobald ein Wechsel protestirt ist, erlangt der Inhaber nicht nur das Recht, sich an den eigentlich Verpflichteten (den Acceptanten oder bei nicht angenommenen Tratten und eigenen Wechseln den Aussteller) wegen der Zahlung zu halten, sondern auch die Befugniß, sich an seine Vormänner zu regressiren.

Die Wechselschuld wird nur getilgt durch wechselmäßige Zahlung Seitens des Prinzipal-Verpflichteten; löst ein Girant den Wechsel ein, so bleibt die Wechselschuld unverkürzt bestehen, und nur seine Regreßverbindlichkeit ist getilgt. Wollte man diese beiden in sich verschiedenen Arten von Schulden nicht auseinander halten, vielmehr auch die Einlösung des Wechsels Seitens eines Vormannes als die Tilgung der Wechselschuld durch einen Correus betrachten, so würde nicht zu erfinden sein, wie der Zahlende aus eben diesem Wechsel — der alsdann doch getilgt wäre — noch seinen Regreß an den Acceptanten, Aussteller oder Vormann nehmen könnte. Und doch ist dies zweifellos der Fall. Durch die Zahlung*) Seitens des principaliter Verpflichteten, ganz gleich ob vor oder nach erhobenem Proteste, erlischt nicht nur seine Verpflichtung, sondern auch die der eventuell Verhafteten. Was von der vollen Zahlung gilt, muß auch von der auf den Wechsel abgeschriebenen Theilzahlung gelten. Tilgt der Acceptant die Hälfte der Wechselschuld, so vermindert sich die Regreßverbindlichkeit der Indossanten um den gezahlten Betrag. Verfällt Einer der Letzteren alsdann in Concurs, so kann nur der Rest liquidirt werden, denn für den Mehrbetrag besteht die eventuelle Verhaftung nicht mehr, weil die principale insoweit erfüllt ist. Gesetzt also, der Acceptant hätte 50 % bezahlt, nnd demnächst würde über das Vermögen mehrerer Indossanten Concurs eröffnet, so kann alsdann nur der Rest von 50 % in deren Gantverfahren angemeldet, und hierauf die Dividende verlangt werden.

Derselbe Grundsatz muß gelten, wenn der Acceptant demnächst eine fernere wechselmäßige Abschlagszahlung leistet. Es wäre eine nicht zu rechtfertigende Härte gegen die Cridare, wenn man ihnen solche Zahlungen nicht zu Gute rechnen wollte, welche ihnen außerhalb des Concurses zu Statten kämen. Daß solche Abschlagszahlungen außer Betracht bleiben müßten, wenn sie während des Concurses der Regreßpflichtigen von dem Prinzipalschuldner geleistet werden, ist positiv nicht vorgeschrieben, und, als den sonstigen Rechtsgrundsätzen

*) Es wird im ferneren Laufe dieser Abhandlung unter „Zahlung" immer „wechselmäßige Zahlung" in dem oben angedeuteten Sinne verstanden, also Zahlung gegen Aushändigung des Wechsels oder Abschreibung auf demselben.

widersprechend, zu verwerfen. Anders liegt die Sache, wenn von einem Regreßpflichtigen ein Theil seiner Regreßverpflichtung getilgt wird. Seine Verbindlichkeit besteht darin, dem Inhaber für den Schaden aufzukommen, welchen er durch das Ausbleiben der im Wechsel versprochenen Zahlung erlitten hat. Es leuchtet sofort ein, daß durch eine solche Zahlung die eigentliche Wechselschuld des Prinzipal=Verpflichteten um Nichts verringert wird, denn insoweit der Inhaber in Folge der erhaltenen Zahlung sein Recht an den Erstverpflichteten verliert, insoweit tritt der Zahlende an seine Stelle. Hierdurch erklärt sich das Recht des einlösenden Indossanten, sich aus dem Accepte an den Acceptanten, oder aus dem Ausstellungs=Vermerke oder Indossamente an seine Vormänner zu halten. Wie der Indossant seine Regreßverbindlichkeit tilgt, ist für alle übrigen aus dem Wechsel Verhafteten gleichgültig; mag er schenkungsweise oder um ein Geringes den Wechsel zurückerwerben, dennoch hat er das Recht, sich wegen des ganzen Wechselbetrages an den Acceptanten oder seine Vormänner zu halten, denn er hat die Wechselschuld nicht getilgt, und die Frage, wie er sich mit dem Besitzer des Wechsels Behufs dessen Herausgabe abgefunden hat, ist für Jene eine res inter alios acta.

Den Nachmännern gegenüber wirkt die Einlösung des Wechsels anders. Der Wechselregreß geht nur gegen die Vormänner, denn diese allein haben den Wechsel dem zeitigen Inhaber unmittelbar oder mittelbar gegeben, und sind ihm deshalb allein zur Gewährsleistung für den Eingang der verschriebenen Summe verpflichtet. Die Nachmänner sind liberirt, sobald ein Vormann den Wechsel eingelöst hat.

Was von der gänzlichen Einlösung des Wechsels gilt, muß ob paritatem rationis von der theilweisen Einlösung desselben gelten, vorausgesetzt, daß diese in wechselmäßiger Form geschieht, d. h. durch Vermerk auf dem Wechsel. Dies ist bestritten. Manche wollen, daß die bloße Thatsache der geleisteten Theilzahlung Seitens des Vormannes, auch wenn diese nicht auf dem Wechsel erkennbar ist, den Nachmann in tantum liberire. Dem kann jedoch nicht beigetreten werden. Wäre jene Ansicht richtig, so müßte man annehmen, daß der Zahlende durch die bloße Zahlungsleistung schon seine Verbindlichkeit erfüllt habe, und sei die Regreßsumme ganz oder theilweise geleistet, insoweit nicht mehr verhaftet wäre. Wenn nun ein Nach=

mann den in den Händen des Inhabers unversehrt verbliebenen Wechsel, ohne Kenntniß von der geschehenen Zahlung, einlöste, so müßte ihm der in Anspruch genommene Vormann die von ihm an den letzten Inhaber geleistete Zahlung opponiren können, wenn diese wirklich seine Regreßverbindlichkeit getilgt hätte. Dies ist mit der Natur des Wechselinstituts unverträglich, und würde, wenn zugelassen, jede Sicherheit des Verkehrs aufheben. Es könnte Niemand einen Wechsel einlösen, ohne die Gefahr zu laufen, seinen Regreß an seine Vormänner auf Grund solcher Exceptionen zu verlieren, welche sich auf Transactionen dieser mit dem letzten Inhaber beziehen. Es gilt auch hier das oben Gesagte; der ex literis verhaftete Indossant bleibt für die Schuld verhaftet, bis er den Brief an sich gebracht, oder doch auf eben diesem Briefe die Tilgung seiner Verbindlichkeit für Jedermann erkennbar gemacht hat.

Aus dem Vorstehenden ergiebt sich, daß wenn ein Indossant den Wechsel eingelöst hat, in dem Concurse der Nachmänner Nichts, in dem Concurse des Prinzipal-Verpflichteten oder der Vormänner der ganze Wechselbetrag liquidirt werden kann.

Ist aber von einem Indossanten seine Regreßschuld nur theilweise getilgt, und diese theilweise Tilgung aus dem Wechsel zu ersehen, so ist nur die Verbindlichkeit des Zahlenden und seiner Nachmänner um den abgeschriebenen Betrag erloschen. Es kann daher in ihrem Concurse nur der Rest liquidirt werden. Dagegen kann der Inhaber im Concurse des Hauptverpflichteten und der Vormänner des Zahlenden den ganzen Wechselbetrag liquidiren und die ganzen Dividenden in Empfang nehmen.

Hierdurch kann es geschehen, daß der Gläubiger in Summa mehr erhält, als er zu fordern hat. Wenn der Indossant C 50% wechselmäßig abzahlt, und demnächst der Inhaber in den Concursen des Ausstellers B und des Acceptanten A beziehungsweise 40% und 30% erhält, so würde er im Ganzen 120% erhalten. Alsdann aber ist er für verpflichtet zu achten, die von C erhaltenen 50% diesem so weit zu restituiren, als er durch dessen Zahlung mehr als die ihm gebührenden 100% erhalten hat. Er muß daher in dem angegebenen Beispiele dem C 20% restituiren. Grund dieser Restitution ist die dem C insoweit zustehende condictio sine causa, als seine Vormänner ihn befreiende Zahlungen geleistet haben. Die

Zeitfolge der geleisteten Zahlungen ist hierbei irrelevant, denn soweit C dem Inhaber den Schaden ersetzt hat, welcher demselben aus der im Wechsel versprochenen, aber dennoch unterbliebenen Zahlung des Acceptanten entsprungen ist, insoweit muß ihm die geleistete Zahlung ersetzt werden, weil der Acceptant denn doch — wenn auch später — gezahlt hat, und also ein Schade dem Inhaber nicht entstanden ist; insoweit aber der Aussteller nachträglich gezahlt hat, kann sich der Indossant diese Zahlung wie eine eigene anrechnen. Es ist daher in dem angegebenen Beispiele die Sache wie folgt anzusehen: die vom Acceptanten gezahlten 30% mindern in tantum die Wechselschuld. Es stand daher dem Inhaber nur eine Schadensersatzforderung auf Höhe von 70% zu. Hierauf hat C aus eigenen Mitteln 50% gezahlt, und der Aussteller B 40%, welche letztere Zahlung der C sich anrechnen kann; C hat daher im Ganzen 90% dem Inhaber vergütet, während dieser nur 70% Schaden gehabt hat. Es müssen dem C daher 20% rückvergütet werden.

Man sieht an diesem Beispiele gleich, weshalb weder der Acceptant A noch der Aussteller B Etwas condiciren, oder von ihrer Dividende dem Inhaber gegenüber zurückhalten können. Die Wechselschuld des A ist nur um das gemindert, was er selbst gezahlt hat; wenn er also dem Inhaber nur 30% zahlt, so hat er seine Verpflichtung nicht einmal getilgt, geschweige denn zu viel gezahlt. Der Aussteller B aber, der 40% gezahlt hat, kann sich zwar die von A gezahlten 30% anrechnen, weil insoweit die Wechselobligation getilgt ist, er hat aber mit seiner Zahlung die noch 70% betragende Schadensforderung des Inhabers nicht getilgt, und für ihn ist die Seitens des Nachmannes C erfolgte Theilzahlung nicht liberirend.

Auf diesem Wege gelangt man leicht und natürlich zu einer Lösung der viel bestrittenen Frage, an wen der vollbefriedigte Inhaber den Wechsel zurückzugeben hat.

Soviel ist klar, daß der Inhaber so lange die Aushändigung des Wechsels verweigern kann, bis der ganze Wechselbetrag bezahlt ist; mag er auch durch positive Vorschriften gehalten sein, sich mit einer Dividenden- oder Accordzahlung in dem Concurse eines Wechselverpflichteten zu begnügen, ohne diesen zur Zeit oder überhaupt auf ein Mehreres belangen zu können, die Herausgabe des Wechsels kann nur gefordert werden, wenn derselbe voll bezahlt ist.

Werden nun aus mehreren Concursmassen Ratenzahlungen geleistet, welche zusammen den Wechselbetrag übersteigen oder doch erreichen, so hat derjenige den Wechsel voll bezahlt, welcher selbst eine Zahlung geleistet, und unter Hinzurechnung der Zahlungen des Hauptverpflichteten sowie seiner Vormänner die Wechselsumme erfüllt hat. Dies ist in dem angegebenen Beispiele nur C; es ist daher dieser allein für befugt zu erachten, die Herausgabe des Wechsels zu verlangen. Dies Resultat ist nicht nur theoretisch gerechtfertigt, sondern führt auch praktisch zu einer solchen Lösung der verschiedenen im Wechsel enthaltenen Obligationen, wie sie bei Eingehung der Verbindlichkeiten von den Contrahenten beabsichtigt ist.

Sieht man einmal von obwaltenden Concursen ganz ab und nimmt den obigen Fall, daß C 50%, B 40% und A 30% auf Abschlag zahlen, so würde C nach Rückempfang von 20% noch 30% aus dem Wechsel zu fordern haben; wegen dieser 30% könnte er, in den Besitz des Wechsels gesetzt, sich an den Aussteller B oder an den Acceptanten A halten. Wer von diesen Beiden auch die 30% dem C vergütet, immerhin ist nach den obigen Ausführungen anzunehmen, daß nur der Aussteller B den Wechsel, soweit er noch validirte, bezahlt hat; denn wenn er selbst die 30% dem C zahlt, so hat er im Ganzen 70% gezahlt, und unter Hinzurechnung der vom Acceptanten bereits früher getilgten 30% die Wechselsumme erfüllt. Zahlt der Acceptant A die 30% dem C, so hat er zuerst 30% dem letzten Inhaber und jetzt 30% dem C, also im Ganzen 60% des Wechsels bezahlt; er haftet daher noch für die 40%, welche der Aussteller als Schadensersatz geleistet hat. Da der Letztere somit die Wechselsumme voll gezahlt hat, nicht aber der Acceptant, so kann auch nur B die Aushändigung des Wechsels verlangen. Dadurch ist er in den Stand gesetzt, sich an den Prinzipal-Verpflichteten wegen des Gezahlten zu regressiren, und damit kömmt die Sache in die Lage, welche alle Wechselverpflichteten beabsichtigt haben, daß nämlich der Acceptant schließlich das Ganze bezahlen muß.

Borchardt *) will den Rückgriff anderweitig reguliren. Er meint:

wenn die Concursmasse des Acceptanten . .	50%
die des Ausstellers	40%
die des Remittenten	30%
mithin alle diese Massen zusammen	120% ergeben,

*) Goldschmidt a. a. O. S. 91.

so müßte von den überschießenden 20% ohne Unterschied, welche Masse die zuletzt zahlende ist, jeder Masse ⅓ zurückgerechnet resp. erstattet werden. — Der Verfasser gründet diese Berechnung darauf, daß unter den Wechselschuldnern im Concurse vermöge der Solidarität ein gleiches Verhältniß zur Berichtigung der Schuld obwaltet; es müsse deshalb in Folge der Liberirung, welche durch die wechselmäßigen Zahlungen der zuerst vertheilten Massen für die zuletzt zahlende Masse dem Gläubiger gegenüber eintritt, der Ueberschuß gleichmäßig vertheilt werden.

Diese Art der Vertheilung ist m. E. noch weit weniger mit den sonstigen Rechtsgrundsätzen in Einklang zu bringen, als die nachstehend näher angegebene der Concurs-Ordnung. Während letztere mindestens in Betreff des Ueberschusses über 100% der Forderung das Rechtsverhältniß der verschiedenen Cridare unter einander maßgebend sein läßt, ignorirt es Borchardt gänzlich. Wenn also, um sein Beispiel zu benutzen, Acceptant und Aussteller resp. 50% und 40% dem Gläubiger gezahlt haben, und der Remittent 30% zahlen kann, so will Borchardt, daß Letzterer nicht nur dem Inhaber 10% zahle, sondern je 6⅔% dem Acceptanten und dem Aussteller vergüte. Es erscheint wohl erklärlich, wenn man dem Remittenten das Recht zuspricht, sich wegen der 10%, die er dem Inhaber zahlt, an den Acceptanten und den Aussteller zu halten — denn dies entspricht der Natur des Wechsels — wie man ihn aber noch für verpflichtet erachten kann, jenen Beiden Etwas herauszugeben, ist nicht zu begreifen. Der Verfasser gründet diese Verpflichtung auf den Satz, daß vermöge des Concurses zwischen den Solidarschuldnern ein gleiches Verhältniß zur Berichtigung der Schuld obwaltet, und die zuerst zahlende Masse die zuletzt zahlende liberire. Es ist jedoch nicht zu ersehen, was der Verfasser unter dem gleichen Verhältniß versteht; dem Gläubiger gegenüber haften die im Wechselnexus befindlichen Personen nach erhobenem Proteste auch ohne Concurs gleich, d. h. auf das Ganze; unter einander haften sie verschieden; nur der Acceptant, oder wenn ein solcher nicht vorhanden, der Aussteller hat die Wechselschuld zu bezahlen; die Anderen haben Nichts beizutragen; jeder Nachmann hat gegen den Vormann Regreß, bis man schließlich auf den Prinzipalverpflichteten gelangt; es steht der Nachmann zum Vormann nicht wie dieser zu jenem. Der Concurs ändert an diesem Rechtsverhältnisse Nichts, da er, wenn nicht positiv ein Anderes vorgeschrieben ist, die Forderungsrechte weder vergrößert, noch verkleinert, noch ihre Natur ändert. Will man ein recht einleuchtendes Beispiel von der Unhaltbarkeit der Borchardt'schen Theorie haben, so nehme man den Fall:

die Dividende des Acceptanten giebt	1%
die des Ausstellers	90%
die des Remittenten	80%
alle Massen zusammen	171%.

Nach Borchardt müßte, da 71% Ueberschuß vorhanden, jeder Masse $\frac{1}{3}$, also $23\frac{2}{3}$% rückvergütigt werden. Die Masse des Acceptanten, welche 1% gegeben hat, würde danach noch $22\frac{2}{3}$% lucriren, obschon sie so gut wie gar nichts bezahlt hat, und nach der Natur des Wechsels eigentlich das Ganze hätte bezahlen müssen. — Eben so verfehlt erscheint die Ansicht desselben Verfassers über die Person desjenigen Theilzahlers, welcher die Herausgabe des Wechsels verlangen könne. Borchardt will demjenigen den Wechsel ausgehändigt wissen, welcher die letzte, die Wechselsumme erfüllende Zahlung leistet. Gesetzt also, ein Indossant hätte 99%, der Acceptant aber zuletzt nur 1% bezahlt, so müßte dieser den Wechsel erhalten; er würde daher, obschon er nach dem Wechsel allen anderen Personen für 100% verpflichtet und der eigentliche Schuldner ist, doch fast von seiner ganzen Schuld frei und keinem Regresse ausgesetzt sein, während der Indossant, der für jede auf den Wechsel geleistete Zahlung den Regreß haben müßte, desselben beraubt wäre. — Zeigt schon dieses Resultat die Unhaltbarkeit des Princips, so leuchtet auch ohne Weiteres ein, daß von solchen Zufälligkeiten, wie dem Datum der Zahlung, nicht so wesentliche Rechte wie die Regreßansprüche der Indossanten abhängig gemacht werden können. Wenn — nach Borchardt — der Acceptant am 1. Januar 1% und der Indossant am 2. Januar 99% zahlt, so erhält der Indossant als letzter Zahler den Wechsel und hat auf 99% den Regreß; zahlt dagegen der Indossant die 99% am 1. Januar und der Acceptant sein 1% am 2. Januar, so erhält dieser den Wechsel, und der Indossant hat wegen der 99% das Nachsehen. Diese Ansicht setzt eine Prämie auf die Säumigkeit der Zahler, und kann auch durch die Erwägung, daß dieselbe Schuld in einem Concurse nicht mehrmals liquidirt werden darf, nicht gerechtfertigt werden, da in sehr vielen Fällen die Cridare noch nach dem Ende ihres Concurses den Gläubigern für die Ausfälle verhaftet sind, der Besitz des Wechsels also von Erheblichkeit bleibt. —

Die oben von mir geltend gemachten Ansichten schließen sich im Großen und Ganzen denjenigen an, welche Renaud in der vorzüglichen Abhandlung: „Der Einfluß des Concurses auf die Wechselrechtsverhältnisse" (Archiv für deutsches Wechselrecht und Handelsrecht, Bd. 8 S. 277 ff.) ausgesprochen hat. Doch scheint mir derselbe in folgenden zwei Punkten die Consequenz seiner Ansicht gescheut zu haben. Er sagt zuvörderst:

> „Wenn .... die vor Erhebung des Protestes M. Z. auf dem Wechsel abgeschriebene Theilzahlung der Wechselsumme (durch den Acceptanten) den Regreßanspruch des Wechselinhabers gegen dessen Vormänner mindert, so ist dies bei einer nach der Protesterhebung auf die Wechselsumme geleisteten Abschlagszahlung nicht der Fall, weil hier die Bedingungen des vollen Regresses vorliegen, nämlich außer dem Wechsel ein wegen gänzlicher Nichteinlösung desselben levirter Protest. Der begründete volle Regreßanspruch wird aber durch die nachher erfolgte, wenn auch auf dem Wechsel abgeschriebenen Theilzahlung der Wechselsumme — die sich der Wechselinhaber übrigens nicht gefallen zu lassen braucht, — so wenig, wie durch eine volle, ohne Aushändigung des Wechsels geschehene Zahlung aufgehoben, weil eine solche Zahlung an sich in keiner Beziehung zur Regreßforderung steht. Daher kann hier der Wechselinhaber im Concurse seines Vormannes die volle Regreßsumme liquidiren und eine nach dieser zu berechnende Dividende ansprechen. Sollte jedoch diese Dividende mit Einschluß der auf dem Wechsel abgeschriebenen Theilzahlung der Wechselsumme den vollen Betrag der Regreßsumme übersteigen, so braucht sie nur bis zu diesem vollen Betrage ausbezahlt zu werden, weil der Regreßpflichtige und beziehungsweise dessen Masse vom vollbefriedigten Inhaber die Aushändigung des Wechsels verlangen und demselben dasjenige in Abzug bringen kann, wofür sie sich aus dem theilweise eingelösten Accepte nicht zu erholen vermag."

Allerdings muß man zugeben, daß, sobald wegen Nichteinlösung des ganzen Wechsels Protest erhoben ist, auch der Regreßanspruch auf die volle Summe begründet ist, und der Inhaber von dem Acceptanten keine Theilzahlung anzunehmen braucht. Thut er dies aber, und wird dies auf dem Wechsel vermerkt, so scheint mir die Annahme nicht haltbar, daß trotzdem der Regreßanspruch des Inhabers auf die volle Summe bestehen bleibt, und der Vormann nur aus dem Grunde einen Abzug machen kann, weil ihm in tantum der Regreß gegen den theilzahlenden Acceptanten entzogen ist. Mir scheint im Gegentheil, daß insoweit die Wechselschuld getilgt ist, insoweit ein Regreßanspruch des Inhabers, auch wenn er entstanden ist, fortfallen muß. Während Renaud den angesprochenen Vormann ope exceptionis schützt, möchte ich annehmen, daß ipso jure seine Verbindlichkeit vermindert ist. Die Folgen sind verschieden. Erlischt durch die Theilzahlung des Acceptanten ein gleich hoher Theil des Regreßanspruchs, so kann überhaupt im Concurse des Vormanns nur der Rest liquidirt, oder wenn der ganze Wechselbetrag angemeldet worden, doch nur die Dividende auf den Rest verlangt werden. Wird die Sache aber so angesehen, wie Renaud will, daß nämlich eine abgeschriebene Theilzahlung des Acceptanten nach erhobenem Proteste „an sich in keiner Beziehung zur Regreßforderung steht", so müßte die Consequenz dahin führen, daß der Inhaber unter allen Umständen die Dividende auf den ganzen Wechselbetrag im Concurse des Vormannes fordern könnte.

Dies verwirft jedoch Renaud wieder, und will die Dividende nur so weit gezahlt haben, als sie mit der Theilzahlung des Acceptanten den Wechselbetrag erfüllt; als Grund ist angegeben, weil insoweit als der Acceptant gezahlt hat, der einlösende Indossant an ihm sich nicht erholen kann.

Weshalb kann aber der Indossant an ihm sich nicht erholen? Weil der Acceptant insoweit den Wechsel bezahlt hat. Ist aber der Wechsel bezahlt, so ist auch das Regreßrecht des Inhabers fortgefallen, und dies gilt sowohl von voller Zahlung des Wechselbetrages als von der Theilzahlung.

Es scheint hier am Orte, aus dem Civilrecht eine Analogie zu nehmen. Wenn Jemand sich selbstschuldnerisch zu Gunsten eines Anderen für den Fall verbürgt hat, daß dieser an einem bestimmten

Tage nicht zahle, so tritt das Recht des Gläubigers, sich an den Bürgen zu halten, erst ein, wenn jener Tag fruchtlos verstrichen ist. Dann aber ist auch der volle Regreß vorhanden. Zahlt der Prinzipalschuldner später ganz oder zum Theil, und der Gläubiger nimmt die Zahlung an, so wird man wohl nicht behaupten wollen, daß trotzdem die Regreßrechte des Gläubigers an sich nicht vermindert werden, und dem Bürgen nur eine Compensationsforderung gegen den Gläubiger insoweit erwächst, als jener sich nun nicht an den Hauptschuldner regressiren kann. Es ist der Fall sehr wohl denkbar, daß der Bürge nach der besonderen Natur seines Verhältnisses zum Hauptschuldner, oder um auf den Fall eines vorliegenden Wechsels zurückzukommen, der Indossant im Verhältniß zum Acceptanten gar keinen Regreß hat. Man braucht nur an ein sogenanntes Gefälligkeitsaccept zu denken, und sieht sofort, daß der Indossant bei einem solchen keine Einrede gegen die „an sich bestehende Regreßverbindlichkeit" daraus herleiten kann, daß er wegen Abschreibung der vom Acceptanten geleisteten Theilzahlung sich an diesem insoweit nicht erholen kann. Dies konnte er auch ohnedies nicht. Man müßte also folgern, daß er trotzdem die ganze Wechselsumme zahlen muß, was Renaud und mit gutem Grunde für unzulässig hält.

Denselben Gesichtspunkt, welchen ich hier zu widerlegen versucht habe, hält Renaud für den Fall fest, wenn ein Vormann eine abgeschriebene Theilzahlung geleistet hat, und im Concurse des Nachmannes der volle Wechselbetrag liquidirt wird.

Er führt aus:

> „Der Trassant oder Indossant, welcher die Regreßsumme bezahlt, liberirt seine Nachmänner jedenfalls nur dann, wenn er den Wechsel einlöst; indem er aber gegen eine bloße Theilzahlung die Aushändigung des Wechsels nicht verlangen kann, behält der Wechselinhaber mit dem Wechsel und Proteste an sich seine volle Regreßforderung gegen die Nachmänner des Zahlers. Doch ist ein solcher Nachmann, wenn er um Zahlung angegangen wird, berechtigt, gegen dieselbe die Aushändigung des Wechsels zu verlangen, und zwar so, daß er selbst auf diesen hin gegen seine Vormänner regrediren kann; ist ihm nun dieser Regreß durch eine von einem mittelbaren oder unmittelbaren Vormanne geleistete und auf

dem Wechsel abgeschriebene Theilzahlung verkürzt, so kann er diesen Betrag von der ihm zu zahlenden Regreßsumme in Abzug bringen."

Auch gegen diese Ausführung läßt sich einwenden, daß sobald dem Inhaber der Schade aus der unterbliebenen pünktlichen Zahlung Seitens des Acceptanten von einem Indossanten ersetzt und dies auf dem Wechsel erkennbar gemacht ist, seine Regreßansprüche gegen den Zahlenden und dessen Nachmänner ipso jure damit erlöschen.

Die Exception welche Renaud den Nachmännern gewähren will, ist wesentlich der Einwand der Compensation darauf gegründet, daß der Inhaber durch Annahme einer Zahlung Seitens des Vormanns dem Nachmann insoweit einen Regreß entzogen habe. Hält man dies fest, so ist Folgendes zu beachten: Wenn der Inhaber C sowohl im Concurse des Vormannes A, als des Nachmannes B seine ganze Forderung liquidirt, und als Dividende oder Accordrate von A 50% erhält, so müßte — wenn man die Renaudsche Ansicht consequent durchführen will — B zu Nichts weiter verpflichtet sein, denn ihm ist gegen A nicht etwa auf 50%, sondern auf die ganzen 100% der Regreß entzogen, da dieselbe Forderung nicht zweimal im Concurse des A liquidirt werden kann. B könnte daher ope exceptionis sich gegen jede Anforderung des C schützen.

Diese Consequenz hat Renand sehr wohl gefühlt und deshalb bemerkt, für jenen Fall „bestehe der Regreßanspruch — wenn auch nicht gegen die Masse — so doch gegen den Cridar selbst, nach Abzug der in dessen Gant bezahlten Dividende." Dies scheint mir für den Fall eines Accordes jedoch überhaupt nicht zutreffend, und auch für den Fall einer Ausschüttung der Masse im Concurse nicht einleuchtend, da doch mindestens zur Zeit dem Nachmanne der Regreß de jure entzogen ist, und er daher für befugt zu erachten wäre, seinen Compensationseinwand hierauf zu stützen; darf er opponiren, daß ihm der Regreß überhaupt entzogen ist, so muß er auch einwenden können, daß er sich in Folge einer Handlung des Inhabers (welcher Zahlung vom Vormann angenommen hat) zur Zeit nicht regressiren könne.

Nach unserer Ansicht kömmt B nicht in die Lage, die Zahlung seiner Dividende überhaupt verweigern zu können. Das was A gezahlt hat, mindert die Schuld des Nachmannes in tantum, also auf

50%, der Nachmann B bleibt also für den Rest von 50% verhaftet, und muß hierauf seine Dividende zahlen. —

Es ist vorstehend zu zeigen versucht, wie vom theoretischen Standpunkte aus sich die Lehre von Abschlagszahlungen auf die gemeinsame Schuld mehrerer Debitoren, und namentlich bei Wechseln gestaltet.

Das positive Gesetz, der §. 87 der Concurs-Ordnung, hat jedoch, wie schon oben dargethan, die Rechte des Gläubigers gegen die mehreren in Concurs verfallenen Solidarschuldner und den Rückgriff dieser unter einander anders regulirt, als es nach dem Wesen der Abschlagszahlungen und dem Verhältnisse der mehreren Solidarschuldner unter einander hätte geschehen müssen.

Der Grundsatz, daß in jedem Concurse eines Solidarschuldners die ganze Schuld liquidirt, und hierauf die volle Dividende verlangt werden kann, bis der Gläubiger durch diese und anderweitige Ratenzahlungen voll befriedigt ist, weicht von dem älteren Preußischen Rechte, wornach „der Inhaber nur seinen Rest fordern und suchen kann", ab. Dieser neue Grundsatz hat — wie jeder Grundsatz, welcher willkürlich in das Rechtsgebiet eingreift — mehrere anderweitige positive Bestimmungen nothwendig gemacht, die ebensowenig mit allgemeinen Rechtsgrundsätzen harmoniren.

Wenn einem zahlenden Mitschuldner nach sonstigen Bestimmungen des Civilrechts ein Regreß an den Correus zusteht, so ist nicht einzusehen, weshalb ihm jener Regreß für den Fall entzogen sein soll, wenn er im Concurse zahlt. Und doch ordnet dies der §. 87 als Regel an, und mußte dies anordnen, weil sonst dieselbe Forderung mehreremals in demselben Concurse zur Liquidation gekommen wäre; er läßt nur eine Ausnahme für den Fall eintreten, daß die Ratenzahlungen aus allen Concursen zusammen den Gesammtbetrag der Schuld übersteigen. So lange dies nicht geschieht, wird in jedem Concurse zu Gunsten des Gläubigers fingirt, er habe noch Nichts auf seine Forderung aus den anderen Massen erhalten; unter diesen Massen jedoch wird angenommen, daß jede von ihnen ihre Verbindlichkeit vollkommen erfüllt habe und deshalb keinem Regresse ausgesetzt sei. Zeigt sich ein Ueberschuß, so entscheidet das Rechtsverhältniß unter den Cridaren darüber, welche Masse ihn erhält.

---

*) Pr. Wechselrecht von 1684. Art. 31, 32. bei l'Estocq. Erläuterungen des Allg. u. Preuß. Wechselrechtes. Art. III. S. 288.

Der Rückgriff auf den Ueberschuß hat nach den Motiven darin seinen Grund, daß eine Masse für die andere eine Zahlung geleistet hat, zu welcher sie zwar im Verhältniß zum Gläubiger, nicht aber im Verhältniß zur mitverhafteten Masse verpflichtet war. Der Regreß stützt sich daher auf das Fundament der nützlichen Verwendung für die Masse. Hieraus folgt, daß wenn auf einen Wechsel gezahlt ist, die Regreßforderung einer Concursmasse gegen die andere, so weit der Rückgriff nach Vorstehendem zulässig ist, d. h. in Betreff des Ueberschusses, nicht eine Wechselregreßforderung, sondern eine anderweitige Forderung ist, welche lediglich im Civil- (nicht im Wechsel-) Recht ihre Wurzel hat. Daraus ergiebt sich weiter, daß zur Geltendmachung dieses Rückgriffs der Besitz des Wechsels unnöthig ist. Hätte z. B. die Masse des Indossanten zuerst 70% auf den Wechsel gezahlt, und die Masse des Acceptanten gäbe sodann 40%, so würden 30% aus dieser zur Vergenügung des Wechselgläubigers zu zahlen, 10% aber ohne Weiteres der Masse des Indossanten zurück zu vergüten sein, weil diese die 10%, welche die Masse des Acceptanten zahlen mußte und zahlen konnte, für diese verlegt hat. Ein Wechselregreß ist dies nicht, denn der Indossant kann gegen den Acceptanten persönlich die ganzen 70% und nicht nur die 10% erstattet verlangen; dagegen muß der Indossant, um jene zu beanspruchen, den Wechsel besitzen und vorlegen.

Wäre vom Gesetzgeber nicht statuirt, daß der Gläubiger in allen Concursen der Solidarschuldner seine Forderung voll anmelden, und trotz erfolgender Abschlagszahlungen die Dividende auf den ganzen Betrag beanspruchen könne, wäre vielmehr — wie es theoretisch richtiger ist — festgesetzt worden, daß die Abschlagszahlungen eines Correus jedesmal die Forderung überhaupt, und also auch die aus den anderen Concursen zu verlangende Dividende mindern, so hätte es einer Festsetzung, wie es mit dem Ueberschuß über den Gesammtbetrag der Forderung zu halten sei, nicht bedurft. Der Gläubiger wäre nie in die Lage gekommen, mehr zugebilligt zu erhalten, als er zu fordern hat, und es wäre ein besonderes Regreßrecht der Concursmassen nicht zu constituiren gewesen.

Die §§. 86 und 87 der Concurs-Ordnung lassen sich nach den vorstehenden Anführungen theoretisch nicht rechtfertigen. Um dem Gläubiger zu einer möglichst hohen Befriedigung zu verhelfen, greifen sie willkürlich in das Rechtsgebiet ein, und belasten die einzelnen Concursmassen, indem sie ihnen den Rückgriff in solchen Fällen abschneiden, in welchen er ihnen nach sonstigen Grundsätzen zustehen müßte. Die Verwickelungen, welche daraus entstehen, daß neben dem Rückgriffe der Concursmassen, wo dieser zugelassen, noch ein anderweitiges Regreßrecht der Cridare unter einander zugestanden wird, führen zu unlösbaren Schwierigkeiten, und werden namentlich bei Wechseln zu Resultaten führen, welche der Gesetzgeber selbst nicht gewollt hat. Wenn diese Gesetzesstellen nicht schon zu unzähligen Prozessen Veranlassung gegeben haben, so liegt dies vorzüglich darin, daß ihr Verständniß für die Verwalter und die Cridare zu schwierig ist, und die getroffenen positiven Bestimmungen ihnen deshalb unbekannt geblieben sind. Es ist nothwendig zu Bestimmungen zurück zu kehren, welche mit den allgemeinen Grundsätzen des Rechts im Einklang stehen.

II. Der Accord.

Die Concursordnung begünstigt eine vergleichsweise Auseinandersetzung zwischen dem Gemeinschuldner und seinen Gläubigern unter der Leitung und Oberaufsicht des Gerichts. Die getroffenen Bestimmungen haben in dem bisherigen Preußischen Rechte fast gar keine Wurzel, und haben, wenn auch im Großen und Ganzen sich als zweckmäßig bewährt, doch bereits vielfache Wünsche auf Abänderungen hervorgerufen. Es soll versucht werden, nicht nur einige Zweifel hervorzuheben, welche sich bei der Anwendung der gegebenen Vorschriften in der Praxis gezeigt haben, sondern auch die aufgetauchten Vorschläge einer Kritik zu unterziehen.

A. Streitig vor Allem ist die Frage, ob das Accordverfahren dann wiederholt werden könne, wenn das erste zu keinem Resultate geführt hat.

Die Fruchtlosigkeit des ersten Verfahrens kann entweder darin seinen Grund haben, daß der erste Accordvorschlag von dem Gemeinschuldner, bevor ein Beschluß der Gläubiger ergangen, zurückgezogen worden ist, oder daß es nicht die erforderlichen Majoritäten erlangt hat, oder endlich, daß ihm die gerichtliche Bestätigung versagt worden ist.

Ein Accordvorschlag ist eine Offerte, und hat dieselben rechtlichen Wirkungen wie jeder Antrag. Er wird nach der Absicht des Gesetzes im ersten Accordtermine von dem Gemeinschuldner gemacht und der sofortigen Beschlußfassung der Gläubiger unterbreitet; wenn der Vorschlag jedoch nicht die gesetzlichen Majoritäten der Summen und Personen, sondern nur eine von beiden findet, so muß in einem zweiten Termine über denselben abgestimmt werden (§. 187 Concurs-Ordnung).

Der Gemeinschuldner, welcher einen Antrag seinen Gläubigern macht, weiß, wie deren endgültige Erklärung in geordnetem Wege herbeigeführt wird, und ist deshalb von dem Momente seines erklärten Angebotes bis zu dem Momente, in welchem nach dem Gesetze definitiv die Annahme oder Ablehnung beschlossen ist, an seine Offerte gebunden. Sollte er daher nach begonnener Abstimmung der Gläubiger seinen Antrag zurückziehen oder abändern wollen, so wäre dies nicht zu beachten; auch dann ist er hierzu nicht befugt, wenn der Vorschlag angenommen worden ist und nur noch der gerichtlichen Bestätigung bedarf. Das Verfahren darf nicht, wie es in der Praxis manchmal geschieht, in der Mitte hängen bleiben.

Dagegen wird es dem Gemeinschuldner freistehen müssen, noch im ersten Termine vor begonnener Abstimmung seinen Vorschlag zurück zu nehmen oder zu modificiren, und dies selbst dann, wenn er seinen Accordantrag schriftlich formulirt, dem Concursgerichte vor dem Termine mitgetheilt hätte. Der Commissar des Gerichts erhält in solchen Fällen den Vorschlag nur zur vorläufigen Kenntniß. Auch wenn ein zweiter Termin anberaumt worden, kann bis zur begonnenen Abstimmung in demselben der Vorschlag zurückgenommen oder modificirt werden. Dies ergiebt sich aus dem Absatz 2 des §. 188 l. c.

Findet ein Accordantrag nicht die gesetzlichen Majoritäten, so gilt er als abgelehnt, und es bedarf eines richterlichen Erkenntnisses über den Accord nur dann, wenn die Frage, ob der Accord als von den Gläubigern angenommen gelte oder nicht, selbst zweifelhaft ist. Dergleichen Zweifel sind in der Praxis vorgekommen; sie können durch die Legitimation der Abstimmenden oder ihrer Vertreter, oder durch die Dunkelheit ihrer Erklärungen veranlaßt werden. Ist die Verwerfung des Accords zweifellos, so ergeht der Regel nach keine richterliche Entscheidung.

Sobald hingegen die Annahme feststeht, muß das Verfahren behufs richterlicher Bestätigung eintreten. Die Gründe, aus welchen die Bestätigung versagt werden kann, sind im §. 193 Nr. 1 bis 3 l. c. enthalten.

Wenn nun ein Accord entweder von den Gläubigern oder vom Gerichte definitiv verworfen worden, so frägt sich, ob der Gemeinschuldner ein wiederholtes Accordverfahren beantragen kann. Die Ansichten der Gerichtshöfe stehen sich schnurstracks gegenüber. Während die Einen im Prinzipe Wiederholungen immer zulassen, verweigern die Anderen grundsätzlich ein neues Verfahren einzuleiten. Diese Divergenz besteht z. B. zwischen dem Kammergericht und dem Stadtgericht zu Berlin. Das Ober-Tribunal hat sich in jüngster Zeit für die Statthaftigkeit eines wiederholten Accordverfahrens entschieden. (cfr. Erkenntniß vom 12. Juli 1860, abgedruckt Nr. 41. der Preußischen Gerichts-Zeitung.) Auch in der Literatur haben sich Stimmen für die eine und für die andere Ansicht hören lassen.

Diejenigen, welche Wiederholungen für zulässig erachten, und zwar zu jeder Zeit nach dem ersten Prüfungstermine, führen Folgendes an:

a) ein ausdrückliches Verbot stehe nicht entgegen, während bei eintretender Nichtigkeit oder rechtskräftiger Vernichtung des Accordes die Schließung eines nochmaligen Accordes verboten sei (§. 206);

b) der §. 187 handle nicht von einem neuen Accordverfahren, sondern von einer wiederholten Verhandlung über den ersten Accordantrag, und schließe deshalb ein neues Verfahren über einen anderweitigen Accordantrag nicht aus;

c) die Wiederholung sei unverfänglich; sie hemme nicht die Versilberung der Masse und die Bestellung des definitiven Verwaltungspersonales, und könne unter Umständen den Gläubigern nützlich werden; die entstehenden Kosten fielen dem Cridar zur Last;

d) für die Zulässigkeit der Wiederholung auch nach Einsetzung des definitiven Verwaltungspersonals spreche sich die Comm. der 2. Kammer zu §. 177 des Entwurfs aus, indem sie zugleich das Wort „einstweilige" vor „Verwalter" in dem Entwurfe der Regierung überall eliminirt hat, sowie ferner §. 40 der ministeriellen Instruction, welcher voraussetzt, daß die Liquidation der Masse bereits im Gange ist, endlich eine Anmerkung zur zweiten amtlichen Ausgabe der Conc.-Ordn. zu §. 38 der ministeriellen Instruction;

e) sei ein Accord auf Grund der Nr. 2 und 3 des §. 193 rechtskräftig verworfen, so stehe der Wiederholung res judicata entgegen, nicht aber, wenn die Bestätigung wegen Nr. 1 ibid. versagt sei.

Dagegen wollen Andere überhaupt ein Accordverfahren nur einmal und nur zwischen dem ersten Prüfungstermine und der Bestellung des definitiven Verwaltungspersonals zulassen; sie bemerken:

a) der Accord habe als ein bestimmtes Institut auch seine bestimmte Stelle im Verfahren; die ihm angewiesene Stelle nach dem ersten Prüfungstermine sei einzuhalten; nur vor dem nächsten gesetzlichen Rechtsakte, der Bestellung des definitiven Verwaltungspersonals, sei er zulässig;

b) hiermit stimme der §. 187, welcher andernfalls, wenn jederzeit neuer Accord beantragt werden könne, überflüssig wäre;

c) fortwährende Wiederholungen des Accords seien für die Gläubiger ermüdend und ein indirektes Zwangsmittel zur Genehmigung des Accordes;

d) Endlich lasse der §. 189 („Der Antrag auf Schließung des Accordes ist unzulässig, wenn der Gemeinschuldner sich auf flüchtigen Fuß gesetzt hat, oder wenn derselbe wegen betrüglichen Bankerutts auch nur vorläufig in den Anklagestand versetzt ist, bis er freigesprochen, oder endgültig außer Verfolgung gesetzt worden ist") die Deutung zu, daß ein solcher Cridar einen Accordantrag überhaupt nicht stellen könne, wenn die Aufgabe der Untersuchung nicht in den erwähnten Zeitraum falle.

Die Entscheidung für die eine oder die andere Ansicht ist schwierig, da eine ausdrückliche Bestimmung im Gesetze nicht zu finden ist, und die Schlüsse, welche aus zufälliger Fassung der einen oder anderen Gesetzesstelle für die hier in Rede stehende Frage gezogen werden könnten, nicht zuverlässig sind, übrigens auch in Widerspruch mit einander stehen. Mir scheint diejenige Ansicht den Vorzug zu verdienen, welche das Accordverfahren nur einmal zuläßt; dieses einmalige Verfahren hat jedoch meines Erachtens nur die eine Zeitgrenze, daß es nicht vor dem ersten Prüfungstermine stattfinden darf; dagegen bleibt es so lange zulässig, bis der Concurs beendet ist, und zwar sind alle bis zur Verhandlung über den Accord festgestellten Forderungen zur Theilnahme an der Beschlußfassung berechtigt. *)

Der §. 181 giebt den ersten Prüfungstermin als denjenigen Zeitpunkt an, von welchem ab ein Accord geschlossen werden kann. Es wäre kaum anzunehmen, daß nicht auch der terminus ad quem vom Gesetzgeber wäre angegeben worden, wenn die Festsetzung eines solchen beabsichtigt war. In der That geben die Motive nicht den geringsten Anhalt dafür, daß nur bis zur Bestellung des definitiven Verwaltungspersonals ein Accord sollte geschlossen werden können, **) sie setzen das Gegentheil sogar stillschweigend voraus. Die Erwägung, daß jedes, so zu sagen prozessualische Institut eine bestimmte unverrückbare Stelle im Verfahren hat, kann offenbar nicht dahin führen, eine Zeitgrenze anzunehmen, welche aus dem Gesetze selbst nicht hervorgeht. Will man eine Analogie haben, so denke man an das Sühneverfahren im Prozesse. Auch für dieses hat die A. G. O. eine bestimmte Stelle im Verfahren angeordnet (Tit. 11. A. G. O.) und zwar denjenigen Zeitpunkt, in welchem der Richter am ehesten im Stande ist, die Vereinigung der Parteien zu suchen; dennoch wird wohl Niemand Sühneversuche des Richters, die zu einem spätern Zeitpunkte angestellt werden und das Verfahren nicht aufhalten, als gesetzlich unzulässig, oder auch nur als ordnungswidrig betrachten. Im Concurse liegt die Sache nicht anders. Alle diejenigen Gründe, welche den Gesetzgeber bewogen haben, den Abschluß des Accordes zu begünstigen, treffen auch dann zu, wenn nach Bestellung des definitiven Verwaltungspersonals ein Accord geschlossen wird: das Interesse der Gläubiger, der Vortheil des Schuldners, die Bewahrung desselben vor vollständigem Ruin aus Rücksichten des öffentlichen Wohls.

In der That führt die entgegengesetzte Meinung, welche von Gad***) mit vielem Geschick vertheidigt wird, zu Resultaten, die man nicht billigen kann.

Der §. 189 läßt einen Accordantrag so lange nicht zu, bis der wegen betrüglichen Bankerutts auch nur vorläufig in den Anklagestand Versetzte freigesprochen, oder außer Verfolgung gesetzt ist.

---

*) Entsch. Bd. 38. S. 433.

**) s. die vorgedachte Entscheidung.

***) Gruchot, Beiträge zur Erläuterung des Pr. Rechts. Bd. III. S. 513.

Falls eine Freisprechung erst dann erfolgt, wenn bereits das definitive Verwaltungspersonal eingesetzt ist, so meint Gad, daß ein Accord nun unzulässig sei; es treffe den Freigesprochenen, also Unschuldigen, ein Nachtheil, den er sich durch seine Verdächtigkeit zugezogen habe. Hierauf ist zu erwidern, daß die Concurs-Ordnung eben nicht den Art. 521 des code de comm. aufgenommen hat, welcher verordnet:

> Si l'examen des actes, livres et papiers du failli donne quelque présomption de banqueroute, il ne pourra être fait aucun traité entre le failli et les créanciers à peine de nullité; le commissaire veillera à l'exécution de la présente disposition.

Die Concurs-Ordnung hat vielmehr angeordnet, daß nur bis zu dem Zeitpunkte, in welchem endgültig festgestellt wird, daß dem Cridar ein betrüglicher Bankerutt nicht Schuld zu geben, der Accord ausgeschlossen sein solle; der Gesetzgeber hat also an die Versetzung in den Anklagestand keinen Nachtheil knüpfen wollen, der über die endgültige Feststellung der Unschuld hinausgeht; er hat keine Neigung gehabt, nach französischem Muster, an die bloße Verdächtigkeit (quelque présomption) einen fortdauernden Nachtheil zu knüpfen. In der That läßt sich auch nicht absehen, mit welchem Grunde der Unschuldige deshalb, weil die Staatsbehörde mit Unrecht gegen ihn eingeschritten ist, geringere Rechte haben soll, als jeder Andere.

Für das abgekürzte Verfahren will Gad den Accord in die enge Spanne Zeit verweisen zwischen der Ernennung des definitiven Verwalters und den Anfang der Liquidation der Masse. Sieht man auch ganz davon ab, daß hiernach die Zulässigkeit des Accordantrages an die größere oder geringere Schnelligkeit des Verwalters bei dem Beginne der Liquidation geknüpft ist, so leuchtet doch ein, daß in der Regel der Anfang der Liquidation kein greifbarer Zeitpunkt ist. Schon während der einstweiligen Verwaltung kommen Handlungen des Verwalters vor und sind oft unabweisbar nothwendig, welche man nicht anders als zur Liquidation der Masse zählen kann.

Die beiden hier erörterten Punkte lassen im Rückschlusse die Beschränkung des Accordantrages auf eine bestimmte Zeit, innerhalb deren er nur angebracht werden dürfe, bedenklich erscheinen.

Nimmt man dagegen mit mir an, daß der Accordantrag nach dem ersten Prüfungstermine jederzeit zulässig ist *), so läßt sich die Ansicht, daß mehrfache Wiederholungen des ganzen Verfahrens nicht**) gestattet werden können, wie folgt, rechtfertigen.

Allerdings steht ein ausdrückliches Gesetz dem nicht entgegen; es wäre jedoch kaum zu begreifen, daß der Gesetzgeber, wenn er abweichend von dem früheren Rechte ***) eine Kette von neuen Accordverhandlungen sich als möglich gedacht hätte, hierüber nicht einige Bestimmung getroffen hätte. Es muß daraus, daß er in einem bestimmten Falle (§. 187) die Wiederholung ausdrücklich angeordnet hat, meines Erachtens gefolgert werden, daß er sie in andern Fällen nicht zulassen wollte. In der gedachten Stelle wird die Wiederholung des Verfahrens vorgeschrieben, wenn in dem ersten Termine eine der beiden gesetzlichen Majoritäten erzielt ist; der Cridar kann im zweiten Termine neue „Vorschläge" (§. 188) machen. Von der Zulässigkeit fernerer Termine unter anderen Umständen ist Nichts gesagt. Der zweite Termin ist nach Inhalt der Motive zugelassen, weil, wenn auch bei Verwerfung des Accordes im ersten Termine in der Regel von einem nochmaligen Versuche kein besserer Erfolg zu erwarten sei, es doch gerathen scheine, in dem Falle, wenn eine der beiden Majoritäten den Accord bewilligt hat, auf die Erreichung eines vollkommen günstigen Resultates nicht sofort zu verzichten, sondern eine Wiederholung eintreten zu lassen. Man sieht hieraus, daß im Grunde die Absicht war, das Vergleichsverfahren mit der Fruchtlosigkeit des ersten Termins als abgethan anzusehen, und daß nur ausnahmsweise noch ein Versuch zugelassen ist. Hiermit, wie mit jeder vernünftigen Gesetzespolitik, stände es in Widerspruch, wenn der Richter gezwungen sein sollte, über alle und jede neuen Anerbietungen des Cridars in infinitum mit den Gläubigern zu verhandeln, und wenn den Gläubigern zugemuthet werden sollte, bei erheblichem Präjudize für ihre Forderungen ohne Scheu vor Zeitverlust und Kosten sich auf Vergleichsverhandlungen mit dem Cridar ohne alle

---

*) Hiefür erklärt sich das Ob.-Trib. in der obenged. Entsch. B. 38, S. 133.

**) Das Ober-Tribunal ist anderer Ansicht; s. das oben citirte Erkenntniß vom 12. Juli 1860.

***) Allg. G. O. Tit. 50 Abschn. 6.

Grenze einzulassen. Statuirt man die Zulässigkeit immer neuer Accordvorschläge, so werden die Cridare, — wie dies schon jetzt geschieht — zuerst möglichst wenig Prozente bieten und demnächst, je nachdem sich die Gläubiger unbeugsam oder nachgiebig zeigen, mit höheren Angeboten hervortreten. Diesen Handel zu vermitteln, scheint des Richteramts kaum würdig. Wenn auch de jure solche neue Accordverhandlungen nach der Meinung ihrer Vertheidiger die Liquidation und Vertheilung der Masse nicht aufhalten sollen, so würde dies de facto dennoch geschehen, denn nicht nur wird die Arbeitslast des Richters sehr erheblich vermehrt, und dadurch entsteht unvermeidlich ein Zeitaufwand, sondern die ewig wiederkehrende Möglichkeit der sofortigen Beendigung des Verfahrens durch Accord hemmt auch die ordnungsmäßige Abwickelung der Liquidation. Endlich sei bemerkt, daß zwar das Gericht ohne Kostenvorschuß die Einleitung des neuen Verfahrens verweigern kann, daß jedoch die Gläubiger für ihre Auslagen und Kosten eine Caution nicht verlangen können. Werden mehrere Accordvorschläge verworfen, so haben sie ihren Vertretern oft mehr zu bezahlen, als sie an Dividende erhalten, und haben gegenüber dem verarmten Cridar mit ihrer persönlichen Ersatzforderung das leere Nachsehen.

Es scheinen mir also auch überwiegend praktische Gründe dafür zu sprechen, Wiederholungen von Accorden nicht zu gestatten.

Daß die Wiederholung des Accordverfahrens nur für den einen Fall positiv verboten ist, wenn der erste Accord ipso jure nichtig wird, oder per sententiam für nichtig erklärt wird (§. 206), läßt nicht den Schluß auf das Gegentheil zu, daß die Wiederholung sonst gestattet sei, denn der Gesetzgeber hat nur der irrigen Annahme vorbeugen wollen, daß der Concurs, welcher nach Vernichtung eines früheren Accords wieder eröffnet wird, dergestalt als ein neuer zu betrachten sei, daß nun in diesem ein Accord geschlossen werden könne.

Hält man die vorstehenden Gründe jedoch nicht für durchgreifend, vielmehr grundsätzlich wiederholte Accordvorschläge für zulässig, so muß doch mindestens einige Einschränkung zugestanden werden.

Zuvörderst wird man nicht gestatten können, daß derselbe Accordvorschlag, welcher von den Gläubigern bereits einmal verworfen ist, in derselben Fassung von Neuem eingebracht und zur Erörterung gestellt werde; die Gläubiger haben eben ihren Willen erklärt, und die Ermittelung dieses Willens muß einmal ihre Grenze haben.

Sodann wird die erneute Verhandlung über einen früheren oder einen neuen Accordvorschlag unzulässig sein, wenn der Grundsatz der res judicata durchgreift. Die Versagung der Bestätigung durch das Gericht kann ihren Grund haben, entweder in der individuellen Natur des ihm zur Bestätigung vorliegenden Accordes, (z. B. zu geringer Procentsatz, mangelnde Caution, Betrug bei der Herbeiführung desselben ꝛc.), oder aber in einer solchen Beschaffenheit des Cridars, daß derselbe der Wohlthaten eines Accordes überhaupt unwürdig erscheint. (Leichtsinn, Verschwendung, betrügerisches Verhalten des Cridars.) Wird nun aus Gründen ersterer Art ein bestimmter Accord verworfen, so ist über anderweitige Accorde Nichts statuirt; hält der Richter 10 % für zu wenig, so liegt darüber kein Urtheil vor, ob er 20 % für angemessen erachtet. Man wird daher nicht sagen können, daß die frühere richterliche Entscheidung der späteren entgegenstehe. Wenn dagegen der Richter einmal erklärt hat, daß die Leichtfertigkeit, mit welcher der Cridar Schulden contrahirt und fremdes Gut verwirthschaftet hat, ihn der Berücksichtigung seiner Gläubiger unwerth macht, so ist hiermit ausgesprochen, daß die Verwerfung des vorliegenden Accordes aus einem Grunde erfolgt ist, welcher auch allen ferneren Accordvorschlägen entgegensteht. Eine nochmalige Erörterung dieses Punktes ist durch den Einwand der rechtskräftigen Entscheidung ausgeschlossen. Hartmann*), welcher diesen Einwand gleichfalls berücksichtigt haben will, scheint mir darin fehlgegriffen zu haben, daß er die Bedingungen der res judicata lediglich nach deren sonstigen Erfordernissen im Civilprozesse beurtheilt. Es könnte ihm zwar zugegeben werden, daß bei den verschiedenen Accorden immer Identität der Personen des Cridars und seiner Gläubigerschaft stattfindet, mögen sich unter den letzteren auch im einzelnen Falle einmal mehr oder weniger anerkannte Gläubiger befinden, dagegen wird nicht zugestanden werden können, daß auch eadem causa und nur ein anderes Petitum vorliegt, wenn der Cridar im neuen Accorde andere Vorschläge macht. Ein Vergleich, in welchem der Cridar 10 % bietet, ist ein ganz anderer, als derjenige, in welchem er 20 % offerirt.

*) Gruchot, Beiträge zur Erläuterung des Pr. Rechts. Bd. II. S. 290.

Das richterliche Urtheil, welches sich über die Bestätigung oder Verwerfung eines Accordes ausläßt, ergeht zwar auf Verhandlungen in der Form des Civilprozesses, es trägt jedoch auch den Charakter eines Verfahrens von Amtswegen an sich. Aus Gründen des öffentlichen Rechts, mögen diese von den als Civilpartei mitauftretenden Personen angeführt sein oder nicht, kann die Bestätigung versagt werden, und ist einmal rechtskräftig erkannt, daß der Cridar gegen das öffentliche Interesse verstoßen hat, so kann diese Thatsache so wenig wiederholt zur Erörterung gestellt werden, als wenn im eigentlichen Criminalprozesse definitiv festgestellt worden, daß der Angeschuldigte gegen das Gesetz gefehlt und sich strafbar gemacht hat*). Ob aus Gründen der gedachten Art die Bestätigung versagt worden, ist quaestio facti und wird aus den Entscheidungsgründen zu entnehmen sein. — Wenn ich Hartmann recht verstehe, so will er die Wiederholung des Accordes auch dann immer ausgeschlossen wissen, wenn die Versagung wegen §. 193 Nr. 2 der Conc.-Ordn. erfolgt ist, wenn also gegründeter Verdacht vorhanden war, der Gemeinschuldner habe sich der heimlichen Begünstigung eines Gläubigers vor dem andern schuldig gemacht, oder es sei ein Betrug bei der Zustandebringung des Accordes begangen worden. In dieser Allgemeinheit wird man den Satz wohl nicht gelten lassen können. Derjenige Accord, welcher durch Gratificationen oder doloses Verfahren des Cridars zu Stande gebracht worden, kann nicht bestätigt werden. Wird aber in einem solchen Falle die Bestätigung versagt, so ist damit noch nicht nothwendig darüber entschieden, ob jene Handlungen auch die Bestätigung eines anderen Accordes unmöglich machen, welcher ohne jene Hilfsmittel zu Stande gebracht

*) Der Recensent der Hartmann'schen Abhandlung in Goldschmidt's Archiv 2. Jahrgang 1. Heft S. 187 (Güterbock) verwirft den Einwand der res judicata, weil „die vom Richter, nicht von einer Partei zu erhebende exceptio rei judicatae juristisch undenkbar sei". Wenn hiermit mehr oder etwas Anderes gesagt sein soll, als daß der Richter überhaupt nie eine „exceptio" erhebt, so ist das Gesagte falsch, denn der Richter berücksichtigt allerdings nicht nur, ob über die ihm vorliegende Sache bereits erkannt ist, sondern sogar, ob ein Verfahren hierüber bereits schwebt. Man denke z. B. an Criminalfälle, in denen bereits erkannt ist, und welche noch einmal zur Contestation kommen. Hier wird sich jeder Richter wegen der res judicata der nochmaligen Entscheidung enthalten, und diese Thatsache von Amtswegen berücksichtigen.

worden; es wäre denn, daß man in den Fällen des §. 193 Nr. 2 auch ohne Weiteres annehmen wollte, daß sie jedesmal mit unter die Nr. 3 ibid. (Verletzung des Interesses der öffentlichen Ordnung) fallen, was nicht zu billigen wäre. Es bleibt daher meines Erachtens, wenn man Wiederholungen überhaupt zuläßt, in jedem einzelnen Falle zu prüfen, ob der Vorderrichter jeden Accord, und damit zugleich den bestimmten vorliegenden für unzulässig erklärt hat, oder ob er die Versagung lediglich auf die individuelle Natur des zur Bestätigung vorliegenden Accordes gestützt hat.

Alle Diejenigen, welche sich in der Literatur über die hier angeregte Frage ausgesprochen haben, stimmen in dem Wunsche überein*), daß durch eine authentische Declaration festgestellt würde, ob die Zulässigkeit von wiederholten Accorden in der Absicht des Gesetzgebers gelegen habe, oder nicht.

Die Rechtsprechung des Ober-Tribunals wird bei der Zweifelhaftigkeit der gesetzlichen Vorschriften schwerlich ausreichen, um eine gleichmäßige Praxis in den Entscheidungen der Gerichte herbeizuführen.

B. Die anderweitigen, zur Verbesserung des Accordinstituts gemachten Vorschläge lassen sich kurz dahin zusammenfassen, daß eine bessere Information der Gläubiger möglich gemacht, die Personen- und Forderungs-Majorität erhöht, und eine präcisere Fassung der Gründe zur Versagung der Bestätigung gewählt werde.

Die bekannt gewordenen Vorschläge sind im Einzelnen folgende:

1) Ein Ungenannter in der Pr. Ger. Ztg. vom 21. Septbr. 1859 (Nr. 43) will

Abänderung des §. 198 dahin, daß der Accord den Gemeinschuldner nicht von der Pflicht befreie, den Ausfall zu ersetzen. —

Mit Recht ist hierauf erwiedert (ibid. Nr. 50), daß, wenn diese Regel aufgestellt würde, hiermit im Wesentlichen das ganze Accordinstitut mit allen seinen oft hervorgehobenen Vortheilen untergraben würde, daß aber auch nach Inhalt des §. 198 ausnahmsweise die Pflicht, den Ausfall zu ersetzen, stipulirt werden könne;

*) s. Pr. Ger. Ztg. Nr. 43 de 1859, Hartmann l. c., Güterbock und Andere.

von dieser Befugniß sei in der Praxis fast gar nicht Gebrauch gemacht worden, und mit gutem Grunde, weil der Nachweis der wiedererlangten Prästationsfähigkeit mit besonderen Schwierigkeiten verknüpft sei.

2) Der in dem Hause der Abgeordneten eingebrachte Antrag von Reichenheim und Genossen: *)

Der Gläubigerschaft durch einen schon bei Beginn des Concurses aus ihrer Mitte zu bestellenden Verwaltungsrath und durch Uebermittelung der Vermögensbilanz, sowie des Berichtes über die Lage und Natur des Concurses an die einzelnen bekannten Gläubiger Gelegenheit zu besonderer Information zu geben. —

Als Motiv wird angeführt, daß der Verwaltungsrath in der Regel den speciellen Geschäftszweig des Cridars besser als der Verwalter kennen, namentlich den Werth der Außenstände richtiger beurtheilen, die nähere Verbindung zwischen der Gläubigerschaft und dem Verwalter herstellen und eine größere Unparteilichkeit verbürgen werde. Die Mittheilung der Bilanz und des Berichtes sei für auswärtige Gläubiger unbedingt nothwendig, für anwesende zweckmäßig, weil die Prüfung der Bilanz und des Inventars in foro kaum zu bewirken sei.

Beifällig erklärt sich über diesen Antrag Lesse in Nr. 13 der gedachten Zeitung de 1860, doch will er den Verwaltungsrath von etwa drei Personen erst bestellt haben, wenn Accordanträge eingehen; auch auswärtige Gläubiger und unbetheiligte Personen sollen gewählt werden können.

Dagegen Güterbock im Nachtrage zu seiner Schrift „über einige in der Praxis hervorgetretene Mängel des Preuß. Concursverfahrens, Berlin 1860". Er meint: vor eingehendem Accordvorschlage sei ein Bedürfniß zur Bestellung des Verwaltungsraths nicht nachweisbar, und die Gläubigerschaft vor dem ersten Accordtermine nicht constituirt. Im Accorde handele nicht die Gläubigerschaft als solche, sondern jeder Einzelne für sich; es sei daher auch Sache jedes Einzelnen, sich zu informiren. — Die Mittheilung der Bilanz und

*) s. Nr. 9 jener Zeitung de 1860.

des Berichts würde zu einer unverhältnißmäßigen Belästigung der Gerichte führen; der Bericht sei nur für den Staatsanwalt bestimmt; er könnte jedoch im Accordtermine vorgelegt werden. —

Sieht man auch ganz davon ab, ob es wünschenswerth ist, nachdem die Conc.-Ordn. kaum ein Lustrum bestanden hat, und noch nicht einmal in allen ihren Theilen zur praktischen Anwendung gekommen ist, auf einem so vereinzelten Gebiete mit einer Novelle vorzugehen, und ob nicht, wenn einmal geändert werden soll, statt Verbesserungen des immerhin leidlich Guten, vielmehr vor Allem Abhülfe bei solchen Punkten zu schaffen ist, in denen die Conc.-Ordnung wirkliche Rechtsverletzungen zur Folge hat — was an vielen Stellen nachgewiesen werden kann, — so scheint auch aus anderen Gründen die vorgeschlagene Aenderung nicht wünschenswerth.

Vor eingehenden Accordanträgen ist nach den eigenen Motiven der Antragsteller kein Bedürfniß zur Bestellung eines Verwaltungsraths vorhanden; aber auch nachher würde er meines Erachtens mehr Nachtheil als Vortheil schaffen. Man muß Niemand, der ein persönliches Interesse hat, in die Lage bringen, allgemeine, möglicherweise ihm entgegenstehende Interessen wahrzunehmen. Die Folgen sind namentlich bei Kaufleuten, welchen die Wahrnehmung des eigenen Geldinteresses Beruf ist, selten erfreulich; sie sehen mit oder ohne Bewußtsein die Dinge meist durch die Brille ihres Privatvortheils. Werden daher Gläubiger in den Verwaltungsrath gewählt, so wird man in der Mehrzahl der Fälle ein viel einseitigeres Urtheil haben, als man es gegenwärtig erlangt. Werden andere, bei dem Concurse nicht interessirte Personen gewählt, so weiß man, daß nur solche die Wahl annehmen werden, welche entweder mit dem oder jenem Gläubiger, oder mit dem Cridar und seinen Verwandten oder Gönnern zusammenhängen. Auch dies giebt für die Unparteilichkeit keine Bürgschaft. — Unter allen Umständen aber wird an das ganze Verfahren durch den Verwaltungsrath ein Hemmschuh gelegt, und Verzögerungen aller Art werden veranlaßt; der Verwalter wird in seinen Absichten durchkreuzt und mißmuthig gemacht, wenn der Verwaltungsrath ihm nicht beipflichtet, und die Gläubigerschaft wird, wenn jene dissentiren, in noch größere Verlegenheit gebracht; endlich wird das bewirkt, was sich häufig bei getheilter Verantwortlichkeit wiederfindet. Jeder verläßt sich auf den Anderen, und damit geräth der Fortgang der Sache in Stocken. — So viel mir bekannt, hat die Einsetzung des Verwaltungsraths im späteren Verfahren dieselben Nachtheile mit sich geführt; ehe ein Beschluß gefaßt werden konnte, sind oft Monate vergangen, weil die Mitglieder als Kaufleute theils nicht genügende Zeit für eine Sache finden konnten, bei welcher sie unter allen Umständen Einbuße erleiden, theils krank, theils verreist waren, und so die bloßen Zusammenkünfte oft nicht bewirkt werden konnten. — Es liegt auch für den Gesetzgeber gar kein Grund vor, noch mehr als er gethan hat, für die Information der einzelnen Gläubiger zu sorgen. In der Regel wenden sich die Cridare mit ihren Accordvorschlägen schon vor dem Termine an die einzelnen Gläubiger; diese mögen von ihren Schuldnern, wie bei außergerichtlichen Vergleichen die Aufschlüsse und Nachweise erfordern, unter welchen sie bereit sind, dem Accorde beizustimmen. Die zugelassene Einsicht der Bilanz und die Mittheilungen des Commissars wie des Verwalters geben ihnen einen Anhalt für die Beurtheilung der Sache. Interessirt sich ein einzelner Gläubiger näher, so mag er sich mit dem Verwalter rechtzeitig in Verbindung setzen. Ist dieser im einzelnen Falle nicht im Stande, den Geschäftszweig des Cridars oder die ausstehenden Forderungen gehörig zu würdigen, so mag er Sachverständige anhören, oder durch Vermittelung des Commissars von den Vorstehern der Kaufmannschaft Aufschluß erbitten. Die Mittheilung der Bilanz und des Berichts an die einzelnen Gläubiger ist kostspielig, zeitraubend, für die Gerichte belästigend, und andererseits wieder nicht ausreichend, weil die Unterlagen zur Prüfung derselben dem einzelnen Gläubiger fehlen. Nur dies könnte bestimmt werden, daß den Gläubigern außer der Bilanz und dem Inventar (§. 155) auch die Einsicht des für das Concursgericht und den Staatsanwalt gefertigten Berichts (§. 163) zu gestatten sei. Diese unwesentliche Aenderung macht ein Einschreiten der Gesetzgebung nicht nothwendig; sie könnte im Verwaltungswege angeordnet werden.

3) Güterbock a. a. O. schlägt vor: Die Erörterung im Erörterungstermine auch auf die nach Ablauf der ersten Anmeldungsfrist liquidirten Forderungen auszudehnen, um den Kreis der Stimmberechtigten möglichst auszudehnen. —

Dies heißt nichts Anderes, als den Erörterungstermin in einen zweiten Prüfungstermin, jedoch ohne dessen Wirkungen, zu verwandeln. Denn einerseits wären alle Gläubiger gezwungen, sich in diesem Termine einzufinden, da sie nicht voraussehen können, welche Forderungen zur Prüfung kommen, und sich möglicherweise in der Lage befinden, diese oder jene zu bestreiten, und andererseits würde trotzdem immer ein nochmaliges Verhandeln über dieselben Forderungen zu ihrer Feststellung nothwendig werden.

So wie die Sache jetzt liegt, können Fälle vorkommen, in denen ein Erörterungstermin gar nicht anzuberaumen ist (al. 1 §. 182), und dann, wenn ein solcher bestimmt werden muß, brauchen nur diejenigen Gläubiger zu erscheinen, welche die Richtigkeit einer Forderung bestritten haben (al. 4 ibid.). Verbindet man mit jenem Termine ein Präjudiz für alle Gläubiger, so wäre es schon besser, im Erörterungstermine die Prüfung der zu spät angemeldeten Forderungen überhaupt zu gestatten. Dann aber müßte die Anberaumung dieses Termins immer öffentlich erfolgen, da eine Bekanntmachung an solche Gläubiger, welche bereits einzelne Forderungen bestritten haben (al. 3 ibid.) nicht genügen würde. — Der gedachte Vorschlag scheint mir, als mit der ganzen Oeconomie der Conc.-Ordnung nicht vereinbar, zu verwerfen.

Derselbe Verfasser giebt anheim, die im §. 186 angeordneten Majoritäten der Summen und Personen zu verstärken, und zwar namentlich die Personen-Mehrheit nicht nur nach der Zahl der Anwesenden, sondern der Gläubiger überhaupt zu bestimmen. — Daß die Bestimmung, welche Majoritäten entscheiden sollen und wie stark dieselben sein müssen, viel Arbitraires hat, wird wohl Niemand verkennen. Die Nothwendigkeit, den §. 186 in dieser Beziehung zu ändern, kann jedoch nicht zugegeben werden, denn die Erfahrung hat gelehrt, daß wenn ein erheblicher Theil der Gläubiger mit Ernst daran gegangen ist, einen Accord zu hintertreiben, dies meistentheils mit Erfolg geschehen ist.

Endlich erklärt sich Güterbock dafür, den §. 193 Nr. 3 abzuändern, welcher bestimmt:

> Das Gericht hat die Bestätigung des Accordes zu versagen, wenn in anderer Weise das Interesse der öffentlichen Ordnung, oder das Interesse der Gläubiger durch den Accord benachtheiligt erscheint.

Sein Vorschlag ist dahin gerichtet, statt jener Bestimmung anzuordnen, daß das Gericht die Bestätigung des Accordes zu versagen habe: „wegen unlauteren und unredlichen Verhaltens des Cridars.“

Die Bedenken des Verfassers scheinen mir vollkommen begründet. Er führt aus, die Rücksicht auf das Interesse der Gläubiger könne die Versagung nicht rechtfertigen, wenn die Mehrheit sich für den Accord erklärt habe; der Richter sei auch nicht in der Lage, mit einiger Gewißheit zu berechnen, ob der Accord, oder die Ausschüttung der Masse den Gläubigern günstiger sei; in concreten Fällen habe sich durch nachträgliche Beitrittserklärungen und Proteste der angeblich Verletzten ergeben, daß der Richter sie ganz mit Unrecht für verletzt gehalten habe.

Das Interesse „der öffentlichen Ordnung“ ferner sei, auch wenn man es mit dem Ober-Tribunal *) für identisch halte mit den allgemeinen Interessen „des Staats, der bürgerlichen Gesellschaft, der Sittlichkeit“, doch ein so vager Begriff, daß lediglich das persönliche Ermessen des erkennenden Richters entscheide, und hierdurch Rechts-Unsicherheit erzeugt werde. Dagegen werde die Berücksichtigung des ganzen Verhaltens des Cridars bestimmte erkennbare Handlungen desselben zum Gegenstande haben. Diesen Ausführungen dürfte überall beizutreten sein.

Es sei gestattet, hier folgende Bemerkung anzuknüpfen:

Daß der §. 193 Nr. 3, insoweit er dem Richter die Rücksicht auf das Interesse der öffentlichen Ordnung auferlegt, zu unbestimmt gefaßt ist, darüber herrscht wohl Uebereinstimmung der Ansichten; es läßt sich jedoch ohne Zwang eine Beschränkung finden, welche die Anwendung jener Bestimmung erheblich vermindert, und welche, wie mir scheint, auch angemessen ist.

Die Bestätigung soll versagt werden, wenn das Interesse der öffentlichen Ordnung durch den Accord benachtheiligt ist, d. h. durch den vorliegenden, nicht durch einen Accord überhaupt. Es müssen also die eben zur Bestätigung vorliegenden Accordpropositionen solche Abreden erhalten, deren Zulassung der öffentlichen Ordnung widerspricht. Als solche könnten z. B. angesehen werden, daß der Gemeinschuldner sich zu diesen oder jenen Handlungen (gewagten

*) Strieth. Bd. 31 S. 183.

Geschäften zur Befriedigung der Gläubiger, Lotteriespiel, Dienstbarkeiten) verpflichtet, welche den allgemeinen Interessen des Staates widersprechen, oder daß er nur so geringe Prozente bietet, daß er als wohlhabender Mann aus dem Concurse hervorgehen müßte, und dergl. m. Bei dieser Interpretation würden alle Rücksichten darauf, ob der Cridar durch sein Verhalten vor dem Concurse sich des Accordes würdig gemacht hat oder nicht, für die Anwendung des §. 193 Nr. 3 von keinem Einflusse sein. Diese Auffassung hat den Wortlaut des Gesetzes für sich, denn wenn der Cridar vor dem Concurse unredlich gehandelt hat, so hat er mit diesen Handlungen das öffentliche Interesse verletzt; eine solche Verletzung ist aber nicht darin zu finden, daß seine Gläubiger gegenüber seiner thatsächlichen Insolvenz ihm einen Theil seiner Schuld erlassen; der Accord daher verstößt an sich gegen jenes Interesse so wenig, als wenn außerhalb eines Concurses einem Unwürdigen ein Theil seiner Schuld erlassen wird. Legt man den §. 193 Nr. 3. in diesem beschränkteren Sinne aus, dann vermindern sich die gegen ihn obwaltenden Bedenken um ein Erhebliches.

Anhang.

(Die nachstehenden Erörterungen sind zuerst in der Preuß. Ger.-Ztg. de 1859 und 1860 veröffentlicht.)

I. Wirkung des Concurses auf die Verjährung des Wechselregresses.

Die Concurs-Ordnung enthält keine ausdrückliche Vorschrift darüber, welche Wirkung der Concurs eines Wechselschuldners auf die Verjährung der gegen ihn anzustellenden Wechselregreßklage hat. Praxis und Theorie arbeiten an der Lösung dieser Frage: es sind die mannigfachsten Ansichten geltend gemacht worden. Das Richtige scheint aber noch nicht gefunden zu sein. Möglich, daß ohne Hülfe der Gesetzgebung zu einem Abschlusse nicht zu gelangen ist.

Es sollen hier in gedrängter Kürze die Ansichten, welche judicando zur Anwendung kamen, und die Bedenken, welche gegen dieselben obwalten, angeführt werden. Auch auf dem Wege der Ausschließung kann man zur Wahrheit gelangen.

Zuerst ging die Praxis davon aus, daß wenn der Wechselregreßanspruch nicht innerhalb drei Monaten von der Protesterhebung resp. Einlösung an im Concurse angemeldet worden, derselbe erloschen sei. Diese Ansicht kann jetzt als beseitigt gelten. Man überzeugte sich, daß eine Anmeldung keine Wechselklage sei, und ihrem Wesen wie ihrer Wirkung nach die letztere nicht vertreten könne. Nachdem das Ober-Tribunal *) einmal den Grundsatz: agere non valenti non currit praescriptio auf den vorliegenden Fall zur Anwendung gebracht hatte, haben die Gerichtshöfe allgemein angenommen, daß der Concurs die Verjährung der Wechselklage gegen den Gemeinschuldner unterbreche. Bei diesem Stande der Praxis brauchen die Irrthümer, welche der früheren Ansicht zum Grunde lagen, nicht weiter erörtert zu werden.

---

*) Striethorst Archiv Bd. 21. S. 341, Bd. 31. S. 341 und 49.

Mit dieser Ansicht fällt zugleich die Meinung derjenigen, welche es für erforderlich achteten, daß die Anmeldung innerhalb der gedachten drei Monate dem Massen-Verwalter behändigt sei.

Ist man nun auch in der Praxis einig, daß der Concurs jene Verjährung unterbreche, so ist doch darüber, von welchem Zeitpunkte an sie von Neuem beginne, die größte Meinungsverschiedenheit.

Einige sagen: sie beginnt von da ab, wo wieder geklagt werden kann, d. h. bei bestrittenen Forderungen von Zustellung der tabellarischen Nachweisung und des Prüfungs-Protocolls; alsdann stehe der Klage gegen den Verwalter Nichts im Wege. — Wäre diese Ansicht richtig, so würden diejenigen, welche ihre Wechselregreßansprüche zu spät (nach Ablauf der Anmeldefrist) oder gar nicht anmelden, besser stehen als diejenigen, welche rechtzeitig angemeldet haben. Den Ersteren würde während des Concurses keine Frist laufen; sie erhalten keine Abschrift der tabellarischen Nachweisung und des Prüfungs-Protokolls. Schon dies Resultat zeigt, daß jene Ansicht nicht zu halten ist. Der Irrthum beruht darin, daß während des Concurses die Klage auf Zahlung, und dies ist das Wesen der Wechselklage, gegen den Verwalter oder widersprechende Gläubiger nicht angestellt werden kann. Nur ein Spezialprozeß auf Feststellung der Forderung Behufs Theilnahme an der Dividende ist zulässig. Dieser Prozeß wird in ordinario mit Ausschluß des eigentlichen Wechselprozesses verhandelt; er umfaßt materiell den Wechselprozeß und das Wechselseparatum. Für diesen formell und materiell von der Wechselklage verschiedenen Prozeß können die positiven Bestimmungen, welche für die erstere gegeben sind, nicht ohne Weiteres Anwendung finden. Es kommt hinzu, daß die Wechselklage nur gegen den Massenverwalter, der nicht Vertreter des Gemeinschuldners, sondern seiner Gläubigerschaft ist, während des Concurses gerichtet werden könnte. Die Behändigung der Klage an den Verwalter könnte aber die Verjährung derselben gegen den Cridar nicht unterbrechen. (Art. 80. Allgemeine Deutsche Wechsel-Ordnung.) *)

Die vorgedachte Meinung hat wenig Verbreitung gefunden. Ein noch kürzeres Leben hat die gleichfalls in Erkenntnissen geltend

*) Striethorst Archiv Bd. 31. S. 345.

gemachte Ansicht gehabt, daß im Falle des Accordes die Verjährung von der Rechtskraft desselben ab zu laufen beginne. — Gegen diese Annahme wurde mit Recht angeführt, daß nicht nur die oben angegebenen Gründe ihr entgegenstehen, da mit der Bestätigung des Accordes der Concurs noch nicht beendet ist, sondern daß auch die eintretende Rechtskraft des Accordes weder den einzelnen Gläubigern besonders, noch öffentlich bekannt gemacht werde. Der Wechselgläubiger sei daher gar nicht in der Lage, den Zeitpunkt zu kennen, von welchem ab ihm die Verjährung laufe. —

Weit verbreiteter hingegen ist die Ansicht, daß von der Veröffentlichung der Concursbeendigung an eine neue Verjährung beginne.*) Von hier ab, sagt man, könne der Gläubiger im Wechselprozesse gegen den Wechselschuldner klagen. — Auch diese Ansicht hat sehr Vieles gegen sich. Zuvörderst frägt sich, mit welchem Momente ist die Veröffentlichung erfolgt? Es ist über die Art, wie die Concursbeendigung publizirt werden soll, im Gesetze Nichts gesagt; sie erfolgt in praxi durch Aushang an Gerichtsstelle, an anderen geeigneten öffentlichen Orten und durch Anzeige in öffentlichen Blättern nach Ermessen des Gerichts. Welcher Moment ist entscheidend? Wo hat der Wechselgläubiger nachzusehen, um sich Ueberzeugung zu verschaffen, daß von nun ab die Publikation so erfolgt ist, daß die Frist zu laufen beginnt?

In einem bekannt gewordenen Falle war die Eröffnung des Concurses im Preuß. Staatsanzeiger, die Beendigung im Thorner Kreisblatt ausschließlich publizirt. Konnte dies irgend ein Gläubiger ahnen? — So viel erhellt, daß wenn jene Ansicht richtig ist, der terminus a quo für den Lauf einer so kurzen Verjährung, wie die der Wechselklage, im Gesetze außerordentlich mangelhaft bezeichnet ist.

Sodann ist nicht abzusehen, weshalb nach beendetem Concurse stets eine neue Verjährung beginnen solle, da der Concurs doch niemals mehr als eine Unterbrechung der Verjährung bewirken kann, folglich diejenige Zeit, welche vor der Concurseröffnung verstrichen ist, mit in Anrechnung gebracht werden muß. (§. 529. Theil I. Tit. 9. Allg. L.-R.)

Unhaltbar endlich erweist sich die gedachte Ansicht im Falle des

*) Striethorst Archiv Bd. 32. S. 164.

Accordes. Actio nata ist erst dann vorhanden, wenn Zahlung verlangt werden kann. Ist die Forderung betagt, so muß der dies abgewartet werden; sonst liegt eine plus petitio temporis vor. Auf künftig zu leistende Zahlungen kann grundsätzlich nicht schon vor Verfall geklagt werden. Jedenfalls hat ein solcher Kläger, wenn die Zahlung demnächst pünktlich erfolgt, die Kosten dafür zu tragen, daß er sich ohne Grund einen exekutorischen Titel verschafft hat.

Die Accorde werden der Regel nach so geschlossen, daß sich der Cridar verpflichtet, in gewissen Zeitabschnitten größere oder geringere Raten auf seine Schulden abzuzahlen. Gesetzt nun, die erste Rate wäre 6 Monat nach der Concursbeendigung fällig, so wäre, wenn die obige Ansicht richtig ist, bei eintretender Fälligkeit der Rate die Wechselklage verjährt. Mit anderen Worten, die Verjährung wäre eingetreten, noch ehe actio nata ist. Dies ist unmöglich, denn eine poena negligentiae kann nicht eintreten, wo eine Negligenz nicht vorhanden ist. — Wollte sich der Gläubiger sichern, so müßte er — zufolge jener Meinung — innerhalb 3 Monaten nach beendigtem Concurse klagen, und mindestens, weil er eine künftig fällige Forderung geltend macht, die Kosten eventuell übernehmen. Dies kann der Absicht des Gesetzgebers nicht entsprechen; das Gesetz verhütet Prozesse, zwingt aber nicht zu nutzlosen Klagen. Jene Klagen wären ohne Zweck angestellt, wenn der Cridar auch auf die nicht festgestellten Wechsel die Raten bei der Fälligkeit gutwillig leistet.

Das Ober-Tribunal hat denn auch aus dem Grunde, weil früher actio nata nicht vorhanden ist, schließlich angenommen,*) daß die Fälligkeit der ersten Accordrate der dies a quo für die neue Wechselverjährung sei. — Gegen diesen Satz walten meines Erachtens die erheblichsten Bedenken ob. Zuvörderst ist nicht erfindlich, welches Privilegium die erste Rate vor der zweiten oder dritten haben sollte. Liegen diese je sechs Monate auseinander, und der Schuldner bezahlt in Güte die erste Rate, so ist nicht ersichtlich, weshalb der Gläubiger nicht sollte warten dürfen, bis die zweite Rate fällig ist und verweigert wird. So lange die Erfüllung einer Verbindlichkeit nicht gefordert werden kann, beginnt keine Verjährung. (§. 545. Th. I. Tit. 9. A. L.-R.) — Sodann ist die Fälligkeit der Raten

*) Striethorst Archiv Bd. 32. S. 243.

nach der Mannigfaltigkeit der Verkehrs-Verhältnisse oft von Umständen und Bedingungen abhängig gemacht, welche der Gläubiger nicht übersehen kann, so daß der gedachte Zeitpunkt wiederum ungeeignet scheint, als terminus a quo für eine so kurze Verjährung zu dienen. Einige Beispiele werden den Gedanken klarer machen. — Ein Cridar accordirte etwa so: Ich bestelle ein Curatorium von drei Personen, ermächtige sie, meine Fabrik zu verwalten, die Ueberschüsse von Zeit zu Zeit nach ihrem Ermessen unter die Gläubiger zu vertheilen, zwei Prozesse auf Zahlung bedeutender Summen gegen gewisse Schuldner zu führen, allenfalls mit ihnen Vergleiche zu schließen, ferner so und so viel Tausend Thaler, welche mir in Polen geschuldet werden, so gut es geht einzuziehen, und das Eingezogene unter meine Concursgläubiger zu vertheilen. — Von welchem Tage ab läuft hier die Wechselverjährung? Wie hoch ist die Rate? wann ist sie fällig? Wie erfährt der Gläubiger Beides?

Ein anderer Cridar verpflichtete sich, seine Accordrate in Betreff der im Concurse festgestellten Forderungen sechs Monat nach Aushändigung der Masse, in Betreff der nicht festgestellten sechs Monat nach deren Feststellung zu zahlen. Nimmt man nun mit dem Ober-Tribunal an, daß die Fälligkeit der Rate den Anfangspunkt der Wechsel-Verjährung bilde, so ist im letztgedachten Falle die Verjährung überhaupt ausgeschlossen, denn die Fälligkeit tritt erst nach der Feststellung ein, für die letztere aber ist eine Frist nicht bestimmt. — Alle diejenigen, welche Gelegenheit hatten, viele Accordbedingungen kennen zu lernen, werden bestätigen, daß in der Mehrzahl der Fälle die Accordbedingungen so, wie zuletzt gedacht, formulirt sind.

Hierbei sind die practischen Schwierigkeiten noch zu beachten, welche es für den Gläubiger hat, die Daten, wann die Masse ausgeschüttet worden, oder an welchem Tage die Rechtskraft des Accordes eingetreten, oder den sonstigen Zeitpunkt in Erfahrung zu bringen, von welchem ab die Frist zur Ratenzahlung gerechnet werden solle. Diese Daten sind meist nur aus den Gerichtsacten zu entnehmen, in welche der Gläubiger nach rechtskräftiger Bestätigung des Accordes Einsicht zu nehmen kein gesetzliches Recht hat. Auch sind die Gerichte nicht gehalten, über dergleichen oft sehr zweifelhafte Daten Auskunft zu ertheilen.

Nimmt man z. B. den Fall, daß sechs Monate nach Aushändigung der Masse die erste Rate fällig wird, so ist es schon zweifelhaft, ob dieselbe dann als erfolgt anzusehen ist, wenn Alles bis auf eine geringfügige Summe ausgehändigt ist, welche als Spezialmasse wegen eines schwebenden Prozesses oder wegen etwaiger nachzuliquidirender Kosten zurückbehalten wird. Es leuchtet ein, daß solche Stipulationen, welche auf den Tag, wann die Rate fällig wird, einwirken, und diesen Tag nicht zweifellos feststellen, ungeeignet sind, als Anfangspunkte für die Wechselverjährung zu gelten Rechtsanwälte, welche mit Einziehung von Accordraten beauftragt waren, sind sehr häufig mit den ehemaligen Gemeinschuldnern über den Tag der Fälligkeit in Conflikt gerathen. In der Wechselordnung ist der terminus a quo so bestimmt, daß der Gläubiger, welcher den Wechsel in Händen hat, niemals Zweifel haben kann, von wo ab ihm die Verjährung laufe. Dagegen wird bei relativen Festsetzungen der Fälligkeit von Accordraten jener Termin dem Gläubiger nur selten zweifelsfrei sein. Dies erzeugt in praxi bei der Kürze der Verjährungszeit eine übermäßige Härte, und es bleibt sehr fraglich, ob es überhaupt zulässig ist, an Stelle des von der Wechselordnung ganz bestimmt und positiv festgesetzten Anfangspunkts der Verjährung aus den sonstigen civilrechtlichen Vorschriften anderweitige Anfangstermine herzuleiten.

Aus den angegebenen Gründen kann ich den Satz, daß die Verjährung der Wechselregreßklage mit der Fälligkeit der ersten Accordrate beginne, gleichfalls nicht für richtig halten.

Die vorstehenden Erwägungen führen zu dem durchaus negativen Resultate, daß weder die Zustellung der tabellarischen Nachweisung und des Prüfungs-Protokolls, noch die rechtskräftige Bestätigung des Accordes, noch die Concursbeendigung, noch endlich (beim Accorde) die Fälligkeit der ersten Rate für den Anfangspunkt der durch den Concurs unterbrochenen Verjährung der Wechselregreßklage in allen Fällen entscheidend sind.

II. Die Klagen gegen Gemeinschuldner.

Der §. 8 der Concurs-Ordnung bestimmt:

„Nach der Concurs-Eröffnung kann ein Verfahren zur Geltendmachung von Ansprüchen, welche sich auf das zur Concursmasse gehörende Vermögen beziehen, nicht mehr gegen den Gemeinschuldner gerichtet oder fortgesetzt werden.

Anhängige Rechtsstreitigkeiten gehen auf die Gläubigerschaft in der Lage über, in welcher sie sich zur Zeit der Concurs-Eröffnung befinden.“

Hiernach möchte es den Anschein haben, als könne während des Concurses gegen den Gemeinschuldner selbst nicht geklagt werden. Eine nähere Erwägung führt jedoch zu einem ganz anderen Resultate. —

Nur Ansprüche, welche sich auf das zur Concursmasse gehörende Vermögen beziehen, können in der gedachten Weise nicht geltend gemacht werden. Hieraus folgt e contrario: Ansprüche, welche sich überhaupt nicht auf das Vermögen, und Ansprüche, welche sich zwar auf das Vermögen, aber nicht auf das zur Concursmasse gehörige beziehen, können sehr wohl gegen den Gemeinschuldner durante concursu eingeklagt werden.

Zu der ersten Kategorie von Forderungen gehören die Ansprüche, welche in dem Familienrechte, und nicht im Vermögensrechte ihre Wurzel haben; jene Ansprüche können gegen den Gemeinschuldner nur wegen seines verwandtschaftlichen Verhältnisses, nicht wegen seines Besitzes von Vermögens-Objekten erhoben werden, und dulden keine Repräsentation des Cridars durch die Gesammtheit seiner Gläubiger. Es würden deshalb Klagen gegen den Gemeinschuldner auf Ehelichung, auf Ehescheidung, auf Ertheilung des Eheconsenses, auf Anerkennung der Vaterschaft zweifellos zulässig sein. Auch die Klagen, welche nur allgemein auf dem Status familiae beruhen, werden als zulässig angesehen werden müssen; so die Alimentenklage, wenn der Gemeinschuldner gesetzlich (nicht vertraglich) zur Alimentation verpflichtet ist. Im Concurse können die laufenden

Alimente nicht geltend gemacht werden, denn die Pflicht zur Alimentation erzeugt sich erst mit dem Zeitlaufe, und zur Concursmasse können nur die zur Zeit der Concurseröffnung bereits vorhandenen Forderungen liquidirt werden; laufende Alimente sind aber weder bedingte, noch betagte Forderungen; sie entstehen erst durch den Ablauf der Zeit.

Gemeinrechtlich gilt die Regel: concursus non alit infantes.

Der Entwurf zur Concurs-Ordnung von 1855 hatte gesagt, daß Klagen wegen „vermögensrechtlicher" Ansprüche gegen den Gemeinschuldner nicht sollten erhoben werden können. Die Commissionen der Kammern wollten präciser sein, und sagten: „Ansprüche, welche sich auf das zur Concursmasse gehörende Vermögen beziehen." Diese Beschränkung ist wegen §. 1 der Concurs-Ordnung zwar sachgemäß, der Sinn der ursprünglichen Fassung ist jedoch verloren gegangen, denn „vermögensrechtliche Ansprüche" sind nicht nur solche, welche sich auf das Vermögen beziehen, sondern zugleich solche, welche aus dem Vermögensrechte entspringen. Wäre jene Fassung geblieben, so würde es weit zweifelloser als jetzt sein, daß Alimentenforderungen, die aus dem Familienrechte entstehen, im Concurse nicht geltend gemacht werden können. Dies würde wiederum mit höherer Gewißheit darauf schließen lassen, daß sie eben deswegen gegen den Gemeinschuldner selbst im Wege der Klage beansprucht werden können.

Es scheint mir ferner, daß Ansprüche gegen den Gemeinschuldner auf Leistung gewisser Handlungen (facere im eigentlichen Sinne) klagbar bleiben, z. B. die Klage auf Vollendung eines bestellten Kunstwerks, auf Rechnungslegung u. s. w. Wenn auch die executio ad faciendum in den meisten Fällen thatsächlich fruchtlos ist, und nur der Anspruch auf Schadensersatz übrig bleibt, welcher unzweifelhaft das Vermögen betrifft und deshalb zum Concurse liquidirt werden kann, so sind doch die Zwangsmaßregeln zur Leistung einer Handlung mitunter wirksam. Es ist kein Grund vorhanden, weshalb man dem Gläubiger in einem solchen Falle die Klage abschneiden, und ihm den gesetzlichen Schutz seines Rechtes nehmen sollte.

Dagegen scheint allerdings der 2. Abschnitt der Conc.-Ordn. zu sprechen, in welchem die Wirkung der Concurseröffnung auf die vor derselben von dem Gemeinschuldner eingegangenen Rechtsgeschäfte näher bestimmt ist. Dort ist jedoch überall die Rücksicht genommen, daß es sich um Leistungen handelt, welche der Cridar ganz oder theilweise vermöge contraktlicher Verpflichtung „aus seinem Vermögen" leisten soll. Es ist angeordnet, daß die Gläubigerschaft ihr vermögensrechtliches Interesse hierbei wahren kann. Die Gläubigerschaft hat jedoch daran kein Interesse, daß der Gemeinschuldner von einer Handlung, die er physisch leisten kann, und welche sein Vermögen nicht beeinträchtigt, ja vielleicht vermehrt, entbunden werde. — Ebensowenig steht der §. 9 der Concurs-Ordnung entgegen. Wenn der Gemeinschuldner zur Leistung einer Handlung verurtheilt ist, so wird der Zwang durch Personalarrest ausgeübt. Der §. 9 cit. ordnet an, daß Exekutionen gegen den Gemeinschuldner, welche auf Vollstreckung des Personalarrestes gerichtet sind, nach der Concurseröffnung Behufs der Befriedigung einzelner Gläubiger weder fortgesetzt noch eingeleitet werden können. Die Motive sagen: da der Personalarrest die Anzeige oder Herbeischaffung von Zahlungsmitteln, oder den Zwang zur Beschaffung eines neuen Erwerbes bezwecke, alles Erworbene aber zur Concursmasse fließe, so könne ein einzelner Gläubiger nicht befugt sein, Behufs seiner Befriedigung den Cridar zur Schuldhaft zu bringen. Man ersieht hieraus, daß nur Behufs der Befriedigung „aus seinem Vermögen" im gedachten Falle der Zwang unzulässig ist; dagegen bleibt der Zwang zulässig, wenn er nicht auf eine Verminderung des im Concurse verfangenen Vermögens abzielt.

Gesetzt, ein Cridar hätte als Testamentsexekutor eines Dritten ein Haus durch Punktation verkauft, und wäre schuldig, den Vertrag gerichtlich zu vollziehen, oder gewisse Hindernisse der Besitztitelberichtigung zu beseitigen — Alles Dinge, welche sein Vermögen und seine Gläubigerschaft gar Nichts angehen, und die er in concreto zu leisten im Stande ist — soll da dem Käufer die Klage und der Zwang des Personalarrestes abgeschnitten sein? Man wird das wohl kaum annehmen können, ohne gradezu den Cridaren das Privilegium zu ertheilen, Verpflichtungen, die sie trotz des Concurses erfüllen können, unerfüllt zu lassen.

Ich fasse zusammen: Klagen aus dem Familienrechte und Klagen auf Leistung von Handlungen sind auch durante concursu gegen den Gemeinschuldner zulässig; sie tangiren nicht sein Vermögen.

Es sind indeß nach der Fassung des §. 8 cit. auch Klagen aus solchen Ansprüchen zulässig, welche zwar das Vermögen betreffen, aber sich nicht auf das zur Concursmasse gehörige beziehen.

Diese Fassung ist unglücklich. Was heißt, juristisch gedacht: ein Anspruch bezieht sich auf das zur Concursmasse gehörige Vermögen? Liegt dies im Wesen des Anspruchs? Wer contrahirt mit einem Menschen mit Bezug auf das Vermögen, welches später zu seinem Concurse gehören wird? Man kann wohl sagen, daß die meisten Menschen es ablehnen würden, Gläubiger zu werden, wenn sie wüßten, daß der Concurs über das Vermögen des Schuldners ausbrechen werde. Nur jura in re und allenfalls jura ad rem sind auf ein bestimmtes Vermögens-Object gerichtet. Persönliche Forderungen dagegen beziehen sich nur auf die Person des Schuldners, nicht auf sein Vermögen, und am wenigsten ausschließlich auf das Vermögen, welches der Schuldner innerhalb einer bestimmten Zeit haben oder erwerben wird. Die liquidationsfähigen Forderungen sind der Regel nach vor dem Concurse, also zu einer Zeit entstanden, wo ihnen eine Beziehung zu der noch nicht vorhandenen Concursmasse gar nicht inhärirt haben kann, und die im Concurse festgestellten Forderungen bleiben auch nach dessen Beendigung in das später vom Gemeinschuldner erworbene Vermögen vollstreckbar. (§. 280 Conc.-Ordn.) Mit welchem Rechte will man da behaupten, daß jene Forderungen sich grade auf das zur Concursmasse gehörige Vermögen beziehen? Im Wesen der Ansprüche liegt daher jene „Beziehung" nicht. Die gedachte Bestimmung würde am ehesten noch auf eigentliche Masseschulden passen, denn von diesen kann man allenfalls sagen, daß sie sich auf das zur Concursmasse gehörige Vermögen beziehen. Es unterliegt jedoch keinem Zweifel, daß diese nicht gemeint sind, da auch die Fortsetzung von Prozessen aus Ansprüchen der gedachten Art gegen den Gemeinschuldner verboten ist, während Prozesse wegen Masseschulden nicht vor dem Concurse angestellt sein können. Der §. 8 cit. muß daher nothwendig nach der muthmaßlichen Absicht des Gesetzgebers interpretirt werden. Er will m. E. nur sagen: solche Ansprüche, deren Befriedigung aus der Concursmasse gesucht wird, können durch Klagen gegen den Gemeinschuldner nicht theilnahmeberechtigt werden.

Mit anderen Worten: Aus Klagen gegen den Gemeinschuldner kann keine Exekution in die Masse vollstreckt werden.

So aufgefaßt, ist die Bestimmung sachgemäß. Der Gemeinschuldner verliert de jure mit dem eröffneten Concurse die Verfügung und die Verwaltung der Masse. Er kann Letztere daher nicht vertreten. Für Ansprüche an die Masse ist er passiv nicht legitimirt. Nur der Verwalter kann die Masse in Prozessen vertheidigen. — Andererseits ist dem Gemeinschuldner eine Immunität gegen Prozesse nicht gewährt, während er bei der gegentheiligen Ansicht gegen rechtliche Angriffe wie gefeit erscheint. Hiernach ist zuvörderst klar, daß Ansprüche aus Rechtsgeschäften des Cridars, die er während des Concurses geschlossen, und aus neuen Delicten gegen ihn verfolgbar sind. Wenngleich Jedermann wenig Lust verspüren wird, gegen einen Cridar, einen notorisch Armen, zu klagen, so wird die Anstellung der Klage dennoch in vielen Fällen dem Gläubiger wünschenswerth sein, um zur rechtskräftigen Feststellung seiner Forderung zu gelangen, und in anderen Fällen wird er Behufs Erhaltung seines Rechts zur Klage genöthigt sein.

Der §. 1 der Concurs-Ordnung bestimmt, daß zur Concursmasse das ganze exekutionsfähige Vermögen gehört, welches der Gemeinschuldner bei eröffnetem Concurse besitzt, und während der Dauer des Concurses erlangt. — Er bleibt indeß dispositionsfähig, freilich unbeschadet der Rechte der Gläubigerschaft an der Masse. (§. 5 ibid.) Er kann daher neue Schulden contrahiren, selbst wechselmäßig sich verpflichten; nur können die neuen Gläubiger sich an die Masse, zu welcher auch der neue Erwerb gehört, nicht halten. „Auf die neuen Gläubiger — sagte die Begutachtungs-Commission — kann gar keine Rücksicht genommen werden, da es lediglich ihre Schuld ist, wenn sie dem Gemeinschuldner Credit geben, obgleich sie wußten, oder doch wissen mußten, daß aller Erwerb desselben während des Concurses zur Concursmasse gehört.“ Hierbei ist nur übersehen, daß man nicht immer freiwillig Creditor wird. Wie, wenn der Cridar ein Delict begeht, oder quasi ex delicto verpflichtet wird? Trotzdem kann nach dem gegebenen Gesetze der neue Gläubiger keinen Anspruch auf den späteren Erwerb des Gemeinschuldners machen, bis der Concurs beendet ist. — Ist schon dies hart, da den alten

Gläubigern ein logisch nicht zu rechtfertigender Vorzug eingeräumt ist, so kann die Härte gegen die neuen Gläubiger nicht so weit ausgedehnt werden, daß sie während des Concurses nicht einmal ihre Forderungen sollten exekutionsfähig machen können, um nach beendetem Concurse, so gut es geht, ihre Befriedigung baldmöglichst zu suchen. — Mag vom Standpunkte des Gesetzgebers aus es gut scheinen, den Gemeinschuldner während des Concurses vor Executionen zu schützen, gegen die rechtskräftige Feststellung einer Schuld ihn zu wahren, liegt kein Grund vor. Es steht denn auch in der That dem neuen Gläubiger kein Gesetz entgegen, welches ihn verhinderte, seine Forderung während der gedachten Zeit einzuklagen. Die Zulässigkeit der Klage zwingt aber den Gläubiger häufig, auch wenn er es nicht wollte, schon während des Concurses mit der Klage vorzugehen, so z. B. um nicht durch Verjährung oder durch den Ablauf einer Präclusivfrist sein Recht zu verlieren.

Man denke nur an die dreijährige Frist zur Einklagung des Ersatzes aus einem außercontractlichen Schaden, oder an die kurzen Fristen des Gesetzes vom 31. März 1838, an Klagen aus Wechseln, welche der Gemeinschuldner während des Concurses ausgestellt und indossirt hat, an Klagen auf Gewährleistung und dergl. mehr; ferner an eigentliche Präclusivfristen, wie an §. 45. Tit. 4 (Anfechtung eines Vertrages wegen erlittenen Zwanges innerhalb acht Tagen); an §. 106. Tit 16. (Anfechtung und Rückforderung einer Quittung wegen nicht geleisteter Zahlung); an §. 224. Th. I. Tit. 11. Allg. L.-R. (Anmeldung der Klage innerhalb acht Tagen wegen der bei der Uebergabe nicht geleisteten baaren Zahlung) u. s. w.

Wunderbarerweise hat ein Gericht — nach dem in Nr. 34 der Pr. Ger.Ztg. mitgetheilten Referate — einen Kläger, welcher einen vom Cridar nach der Concurseröffnung unterzeichneten Wechsel gegen diesen einklagte, seiner Vorstellungen ungeachtet, durch Resolut zurückgewiesen, weil die Klage durante concursu unzulässig sei. Der einzige von dem Gerichtshofe angegebene Grund ist dieser: „Es sei widersinnig, gegen Jemanden, der in Bezug auf das Vermögen, welches er besitze, nicht verklagt werden könne, Klagen in Bezug auf Vermögen, das er nicht besitze und nur möglicherweise erlangen werde, zuzulassen.“ Hierin ist jedoch nichts Widersinniges zu finden. Es ist schon oben angedeutet, daß keine actio in personam mit Bezug auf einen bestimmten Vermögenscomplex angestellt wird. Jeder Kläger intendirt seine Befriedigung aus dem Vermögen des Schuldners, ganz gleich, ob dieser das Vermögen früher oder später erwirbt. Auch ist wohl zu beachten, daß nicht jeder Kläger die sofortige Vollstreckung der Exekution bezweckt; Vielen genügt einstweilen die richterliche Anerkennung ihres Rechts oder des Betrages ihrer Forderung. — Wie könnte es sich sonst erklären, daß Klagen gegen märkische Ehefrauen täglich angestellt werden? Die Stellung eines Cridars ist in dem Punkte der einer märkischen Ehefrau ähnlich, daß das Vermögen Beider wegen der Verfügungs-, Verwaltungs- und Nießbrauchsrechte dritter Personen der Exekution eines Sondergläubigers zeitweilig entzogen ist. So wenig es gerechtfertigt wäre, die Klage gegen eine märkische Ehefrau, von der es z. B. feststeht, daß sie kein vorbehaltenes Vermögen besitzt, zurückzuweisen, ebenso wenig kann dies einem Cridar gegenüber geschehen. In dem oben gedachten Falle wäre daher m. E., falls sonst Nichts entgegenstand, der Cridar pure wechselmäßig zu verurtheilen gewesen. Nur dies könnte fraglich sein, ob in dem Tenor die zeitige Unzulässigkeit der Exekution zu erwähnen war, etwa wie in dem ähnlichen Falle tenorirt wird: „bei Vermeidung der gegen eine märkische Ehefrau zulässigen Exekution;" ich halte jedoch dafür, daß jener wie dieser Zusatz überflüssig ist, weil beide sich von selbst verstehen. Ob der Zusatz zweckmäßig sei, darüber ließe sich streiten; wesentlich ist er nicht. — Die Unhaltbarkeit der angefochtenen Ansicht des Gerichts springt in die Augen, wenn man Fälle annimmt, in welchen ein Cridar durch Böswilligkeit oder sonst mit Absicht Schaden anrichtet. Soll sich Jeder den Unfug eines Cridars ohne rechtlichen Schutz gefallen lassen müssen? — So gut eine Anklage gegen einen Cridar zulässig ist, was Niemand bestreiten wird, ebensogut muß es die Privatklage der wegen ihres Schadensersatzes oder sonst concurrirenden Civil-Partei sein. — Es wird wohl allgemein zugestanden werden, daß die Civilklage wegen Verleumdung oder Injurien durante concursu gegen einen Cridar gerichtet werden darf, und doch kann derselbe, falls er unterliegt, in eine Geldstrafe (also zu einer Zahlung) verurtheilt werden. Dem Kläger liegt bei solchen

Klagen der Regel nach Nichts an der Strafe und Alles an der richterlichen Anerkennung seiner Unbescholtenheit.

Ebensowenig wird man bezweifeln können, daß Niemand sich Besitzstörungen von einem Cridar gefallen zu lassen braucht. Hiergegen giebt es nur im Civilprozeß Schutz.

Auch die Provokation ex lege diffamari und die Beweisaufnahme zum ewigen Gedächtniß scheinen unbedenklich zulässig; ferner Exmissionsprozesse, sowohl aus Verträgen, die vor dem Concurse, als auch aus solchen, die während des Concurses vom Gemeinschuldner geschlossen sind.

In einem bekannt gewordenen Falle trat die Gläubigerschaft gemäß §. 18 der Concurs-Ordnung in den Miethsvertrag ein, welcher von dem Gemeinschuldner vor der Concurseröffnung geschlossen war; sie räumte jedoch alle Mobilien aus, und erklärte dem Vermiether, daß sie die Wohnung nicht mehr benutzen werde. Der Cridar blieb in der Wohnung, und erhielt leihweise von seinen Verwandten Möbeln. Er hauste jedoch unmenschlich, und der Wirth war zur Exmissionsklage gezwungen. Dieselbe wurde gegen den Gemeinschuldner gerichtet, und wohl mit Recht, da die Gläubigerschaft alles ihr Verfangene bereits längst geräumt hatte, und nur der Cridar geblieben war, der nicht als ein Objekt der Concursmasse anzusehen ist.

Nach dem Vorangeschickten scheint es mir keinem gegründeten Bedenken zu unterliegen, daß alle Klagen aus Contracten, die nach der Concurseröffnung geschlossen, und aus Delicten oder quasi-Delicten, die nach diesem Zeitpunkte begangen sind, gegen den Cridar während des Concurses unbedingt zulässig sind.

Ob aus diesen Fundamenten, wenn sie vor der Concurseröffnung liegen, Klagen gegen einen Gemeinschuldner während des Concurses zulässig sein sollen, möchte de lege ferenda unbedenklich zu bejahen sein, weil kein Grund vorliegt, die rechtskräftige Feststellung einer Forderung gegen den Cridar auszuschließen.

Ob aber auch nach dem §. 8 der Concurs-Ordnung sie in diesem Falle zulässig sind, erscheint wegen der Fassung der alleg. Gesetzesstelle bedenklich. Legt man jedoch die oben versuchte Interpretation jener Bestimmung zu Grunde, so würde auch diese Frage zu bejahen sein, weil alle jene Ansprüche nicht nur auf das zur Concursmasse gehörige Vermögen, sondern auch auf das frühere wie auf das spätere Vermögen des Cridars sich beziehen. Für Ansprüche letzterer Art ist aber die Klage nicht versagt, und deshalb zulässig. Es versteht sich von selbst, daß die Prozesse gegen den Gemeinschuldner unter allen Umständen für die Concursmasse als res inter alios actae anzusehen sind.

III. Miscellen.

1. Wenn über das Vermögen des Hauptschuldners Concurs eröffnet wird, so kann der Gläubiger sich sofort an den Bürgen halten. (§§. 297, 300, Th. I. Tit. 14 A. L.-R.) Doch ist der Gläubiger nach §. 301 ibid. verpflichtet, seine Forderung und die dafür geleistete Bürgschaft dem Richter spätestens im Liquidations-Termine anzuzeigen. Er muß seine Forderung so lange im Concurse des Hauptschuldners verfolgen, bis der Bürge rechtskräftig verurtheilt ist (§. 302 ibid.) Hat der Gläubiger seine Forderung bei dem Concurse gar nicht angezeigt, und sich also damit präcludiren lassen: so wird er seines Rechts gegen den Bürgen verlustig. (§. 304 ibid.) — Kann er jedoch vollständig nachweisen, daß die Forderung, wenn sie auch angemeldet worden wäre, dennoch leer ausgegangen sein würde, so kann der Bürge sich mit vorstehendem Einwande nicht schützen. (§. 305 ibid.) —

Diese landrechtlichen Bestimmungen sind bei dem jetzt veränderten Concursverfahren nicht ohne Weiteres anwendbar. Es giebt keinen Liquidationstermin mehr, und es findet eine Präclusion der Forderungen nicht statt.

Trotzdem ist das Princip, welches jenen Bestimmungen zum Grunde liegt, ein solches Postulat der Gerechtigkeit, daß man annehmen muß, der Gesetzgeber habe den in jenen Gesetzesstellen enthaltenen Grundsatz aufrecht erhalten wollen, und daß man deshalb jene Bestimmungen unter den nothwendigen Modificationen als noch geltend betrachten muß.

Die §§. 301—305 l. c. sind ein Ausfluß des in §. 328 ibid. enthaltenen Grundsatzes:

Hat der Gläubiger bei Verfolgung der Execution gegen den Hauptschuldner ein grobes Versehen begangen, so fällt ihm der daraus entstehende Schaden zur Last.

Der Concurs ist ein allgemeines Executionsverfahren. Begeht der Gläubiger ein Versehen in Verfolgung seines Rechts bei dem über das Vermögen des Hauptschuldners eröffneten Concurse, so muß er den Schaden tragen. Der Bürge wird liberirt, aber selbstverständlich nur soweit, als das Verfahren des Gläubigers wirklich Schaden gebracht hat. Es ist eine nothwendige Consequenz dieses Grundsatzes, daß, wenn der Gläubiger nachweisen kann, die Forderung wäre, auch wenn angemeldet, leer ausgegangen, der Bürge aus der unterlassenen Anmeldung einen Einwand nicht herleiten kann. (§. 306 cit.)

Behält man diesen Grundsatz im Auge, so ergeben sich die Folgen, welche die unterlassene Anmeldung im Concurse des Hauptschuldners gegenüber dem Bürgen nach sich zieht, von selbst, sei es daß man die §§. 301—305 l. c. analog auf das neue Concursverfahren anwendet, oder daß man dieselben als nicht mehr passend für obsolet erachtet, und nur aus dem §. 328 l. c. die Schlüsse zieht. Der Bürge kann sich nur soweit auf das Versehen des Gläubigers berufen, als dieses ihm schädlich geworden ist. Nun bewirkt aber die Nichtanmeldung oder verspätete Anmeldung einer Forderung im Concurse nicht immer Schaden. Gesetzt, nach dem ersten Prüfungstermine hätte der Cridar einen Accord beantragt und geschlossen, so ist die vom Gläubiger unterlassene oder zu spät vorgenommene Anmeldung ganz ohne Folgen für den Bürgen; denn der Gläubiger hätte aus der Concursmasse immerhin Nichts erhalten, das Stimmrecht, welches der Gläubiger gehabt hätte, durfte derselbe ausüben wie er wollte, ohne seinen Regreß an den Bürgen zu verlieren (§. 198 Conc.-Ordn.), und mit seiner Forderung ist er nicht präcludirt.

Anders liegt die Sache, wenn die Masse ausgeschüttet wird. In diesem Falle nämlich werden die Gläubiger, welche ihre Forderungen gar nicht angemeldet haben, überhaupt nicht berücksichtigt, die Gläubiger, welche ihre Forderungen erst nach Ablauf der bestimmten

Fristen anmelden (§. 176 Concurs=Ordnung), werden nur bei den Vertheilungen berücksichtigt, welche nach erfolgter Prüfung ihrer Forderungen stattfinden (§. 254 ibid.), und die Gläubiger, deren Forderungen bestritten sind, werden nur dann berücksichtigt, wenn die Anstellung des Spezialprozesses nachgewiesen ist (§. 255 ibid.)

Hat nach diesen Grundsätzen ein Gläubiger verschuldet, daß er bei allen oder einigen Vertheilungen nicht berücksichtigt worden ist, so muß er an seinen Forderungen gegenüber dem Bürgen dasjenige sich kürzen lassen, was bei rechtzeitiger Anmeldung und Verfolgung seines Rechts auf seine Forderung im Concurse vertheilt worden wäre.

Aus dieser Darstellung ergiebt sich, daß die Bestimmungen der §§. 301—305, Th. I. Tit. 14 A. L.=R. ihrem Wortlaute nach nicht mehr anwendbar sind. Der in ihnen enthaltene juristische Gedanke (die ratio legis) bleibt jedoch wirksam. Der Gläubiger soll zwar berechtigt sein, sich sofort an den Bürgen zu halten, wenn der Schuldner in Concurs verfällt, — weil in letzterem Verfahren selten und nur spät zur Befriedigung zu gelangen ist, — er soll jedoch verpflichtet sein, Nichts zu versäumen, um im Concurse soviel als möglich zu erlangen, damit die subsidiäre Verpflichtung des Bürgen nicht ohne Noth erschwert werde, und diesem die Möglichkeit offen bleibe, durch Zahlung in das volle und ungeschmälerte Recht des Gläubigers gegen den Schuldner einzutreten. (§. 338 l. c. A. L.=R., §. 11 C.=O.)

Der geltende Rechtsgrundsatz möchte dahin zu formuliren sein:

> Hat der Gläubiger im Concurse des Hauptschuldners nicht rechtzeitig oder überhaupt nicht angemeldet, so bewirkt dies allein nicht den Verlust des Regresses an den Bürgen; es bleibt vielmehr im einzelnen Falle zu prüfen, inwieweit diese Nachlässigkeit schädlich geworden ist, und nur insoweit wird der Bürge liberirt.

2. Ob nach beendigtem Concurse gegen den ehemaligen Cridar aus Wechseln, die im Concurse nicht zur Feststellung gekommen, im Wechselprozesse geklagt werden könne, ist streitig.

Das Stadtgericht zu Berlin und das Kammergericht bejahen die Frage, und wohl mit Recht. — Aus Wechseln kann der Regel nach im Wechselprozesse geklagt werden. Unzulässig ist diese Prozeßart jedoch im Falle des §. 230 der Concurs=Ordnung. Derselbe bestimmt:

Bei dem Verfahren in den Spezialprozessen kommen lediglich die für den ordentlichen Prozeß geltenden Vorschriften zur Anwendung; besondere Prozeßarten sind ausgeschlossen.

Eignet sich eine Forderung zum Verfahren im Bagatellprozesse, so findet der Erlaß eines Mandats nicht statt.

Der Gläubiger hat bei Anstellung des Spezialprozesses eine vollständige Klage einzureichen und die ihm nach §. 229 ertheilte beglaubigte Abschrift nebst Auszug beizufügen.

Er kann seine Forderung nur in dem Umfange geltend machen, in welchem er sie angemeldet hat. Eine Erweiterung des Anspruchs in Betreff des Betrages oder des Vorrechts ist in dem Spezialprozesse nicht zulässig; dieselbe kann nur mittelst einer neuen Anmeldung geltend gemacht werden.

Auf diesen §. 230 berufen sich diejenigen, welche die obige Frage verneinen. Dieser §. enthält jedoch m. E. nur eine strict zu interpretirende Ausnahme für Prozesse während des Concurses. Dies folgt:

a) aus seiner Stellung in dem 10. Abschnitte der Concurs-Ordnung „von der Feststellung der streitigen Forderungen der Concursgläubiger;" nach beendetem Concurse giebt es keine Concursgläubiger mehr;

b) daraus, daß §. 230 cit. nur für „Spezialprozesse" gilt, von denen nach beendetem Concurse, also nach Wegfall des allgemeinen Verfahrens, nicht mehr die Rede sein kann, wenn man nicht überhaupt jeden Prozeß einen Spezialprozeß nennen will;

c) daraus, daß der Absatz 4 des §. 230 die Möglichkeit einer erweiterten Anmeldung, also die Fortdauer des Concurses voraussetzt;

d) daraus, daß die Gläubiger nach §. 280 der C.-O. für befugt erklärt sind, sich an das vom ehemaligen Cridar nach beendetem Concurse erworbene Vermögen „im gewöhnlichen Verfahren" zu halten; *)

*) Also auch im Wechselprozesse, der für Ansprüche aus Wechseln das gewöhnliche Verfahren ist. Doch scheint mir wegen des zweiten Absatzes im

e) endlich aus der ratio legis, welche für Concurse die sofortige vollständige Ermittelung der Ansprüche verlangt, also mit Ausschluß von Separatprozessen, während nach beendetem Concurse der Ausschluß der Separatprozesse gegen Erkenntnisse im Mandats- oder Wechsel-Prozesse nicht nothwendig erscheint, und daher die Regel wieder eintritt.

Auch wenn der Concurs durch Accord beendet worden, ist die Eingangs gedachte Frage zu bejahen, denn die Wechselforderung, welche demnächst zur Feststellung gelangen soll, ist und bleibt eine Wechselforderung trotz des Accordes; das Fundament des Anspruchs ist auch dann der im Wechsel enthaltene Literalvertrag, grade so gut wie er es in den Spezialprozessen ist, welche während des Concurses nach spezieller Vorschrift des Gesetzes in ordinario verhandelt werden.

3. Die Natur der Concursmassen und der Gläubigerschaften wird häufig verkannt. Viele betrachten die Massen oder doch die corpora creditorum als besondere juristische Personen, welche in dem Verwalter ihren Vertreter haben. Diese Ansicht ist unhaltbar.

Nach §. 4 der Conc.-Ordn. verliert der Gemeinschuldner mit dem Zeitpunkte der Concurs-Eröffnung von Rechtswegen die Befugniß, sein zur Concursmasse gehöriges Vermögen zu verwalten und darüber zu verfügen. Das Verwaltungs- und Verfügungsrecht wird durch die Gesammtheit der Concursgläubiger (Gläubigerschaft) an Stelle des Gemeinschuldners ausgeübt. Zu diesem Behufe erfolgt die Bestellung eines Verwalters der Concursmasse. — Sobald der Concurs beendigt ist, erhält der Gemeinschuldner das Verwaltungs- und Verfügungsrecht über sein Vermögen zurück. (§. 199, 280 Conc.-Ordn.)

Eigenthümer der Masse ist während des Concurses der Cridar; was der Masse zuwächst, ist sein Eigenthum; nur ist die Ausübung der Proprietätsrechte durch das Verwaltungs- und Verfügungsrecht der Gläubigerschaft eingeschränkt. Die Gläubigerschaft ist so wenig eine juristische Person, als die mehreren bei einem Prioritäts-

---

§. 280 zweifelhaft, ob mit dem Ausdrucke: „im gewöhnlichen Verfahren" hier nicht das Executionsverfahren im Gegensatze vom Concursverfahren gemeint ist.

verfahren betheiligten Gläubiger; sie ist Nichts weiter als eine Mehrheit von Personen, welche ein gewisses Recht auf einen bestimmten Complex von Sachen gemeinschaftlich haben; irrig ist es daher, wenn man den Massenverwalter als Vertreter der Gläubigerschaft in dem Sinne ansieht, als ob er Vertreter einer juristischen Person wäre. Der Verwalter ist Nichts weiter, als der Vertreter mehrerer, theils bekannter, theils unbekannter Personen, welche unter sich keinen anderen Zusammenhang haben, als daß ihnen ein gemeinschaftliches Recht zusteht. Er vertritt „die Concursgläubiger."

Ebenso wenig ist die Masse eine juristische Person; sie ist nur ein Vermögens-Complex, zumeist aus Sachen, Forderungen und Schulden bestehend; sie hat keine Persönlichkeit, kann daher weder Forderungen erwerben, noch Schulden machen. Der Ausdruck „Massegläubiger" scheint dem entgegenzustehen. Dies ist in Wahrheit jedoch nicht der Fall. Ueberall, wo das Gesetz jenen Ausdruck anwendet, ist der Cridar der eigentliche Schuldner, nur haben die betreffenden Gläubiger das Recht, des Concurses ungeachtet, ihre volle Befriedigung vorweg zu verlangen. Ein Beispiel wird dies klarer machen. Der fünfte Abschnitt der Conc.-Ordn. handelt von den Ansprüchen der Massegläubiger. §. 41 benennt zuerst die Kosten der Eröffnung des Concurses, der Ermittelung, Sicherstellung, Einziehung, Zahlbarmachung und Vertheilung der Masse rc. so wie alle Ausgaben bei der Verwaltung der Masse. — Der Concurs bezweckt die Befriedigung der Gläubiger; der Cridar ist der Schuldner, ihm liegt die Befriedigung ob; er muß also auch die Kosten derselben tragen. Mit der Concurseröffnung wird ihm die Befriedigung aus der Hand genommen; der Richter befriedigt an seiner Stelle aus der Masse die Gläubiger, grade wie beim Erlöse aus einem einzelnen im Wege der Auction oder Subhastation veräußerten Gegenstande. So wie in diesen Fällen der Exequende die Kosten trägt, so auch beim Concurse der Cridar, gegen welchen ein umfassendes Executionsverfahren stattfindet. Sowenig man in jenen Fällen, z. B. bei einem subhastirten Grundstücke sagen könnte, das Grundstück schulde die Subhastationskosten, ebensowenig kann man sagen, die Concursmasse schuldet die Kosten ihrer Verwaltung und Versilberung. Der Umstand, daß die Subhastationskosten vorweg von den Kaufgeldern in

Abzug kommen, ist für die Frage, wer der eigentliche Schuldner ist, grade so unerheblich, wie der Umstand, daß die Communkosten einer Concursmasse vorweg und voll befriedigt werden. Wenn daher in einem bekannten Commentar zur Conc.-Ordn. der fünfte Abschnitt mit den Worten eingeleitet wird:

> Das Charakteristische aller in diesem Abschnitt erwähnter Forderungen ist, daß nicht der Gemeinschuldner, sondern die Gläubigerschaft dem Gläubiger als Schuldner gegenübersteht,

so ist dies nicht nur unjuristisch, sondern auch offenbar falsch. Gesetzt: eine Masse hätte 1000 Thlr. Communkosten verursacht, und ginge durch irgend welchen Zufall verloren; dann wird wohl kein Zweifel sein, daß sich die Kasse nicht an die Gläubigerschaft halten könnte, was doch der Fall sein müßte, wenn „die Gläubigerschaft dem Gläubiger als Schuldner gegenübersteht." Dies sollte der Kasse, wenn der Satz selbst richtig wäre, nach der neuen Conc.-Ordn. auch schwer werden, da eine Präclusion nicht stattfindet, und daher die Gläubigerschaft sichtbar nie constituirt ist. Eine Verhaftung der einzelnen Gläubiger pro rata ist daher unmöglich. Man wird auch nicht annehmen, daß jeder Gläubiger etwa solidarisch für alle Masseschulden hafte, oder daß der Gläubigerschaft ein beneficium massae zur Seite stehe, etwa wie den Erben ein beneficium inventarii. Zu allen diesen Annahmen würde jeder gesetzliche Anhaltspunkt fehlen. Es ergiebt sich hieraus, daß in der That die Gläubigerschaft **nicht** der eigentliche Schuldner ist. Der Cridar ist der Schuldner. — Bezeichnend ist, daß in den Gesetzen der Ausdruck „Massegläubiger", aber nicht „Masseschuldner" vorkommt. Wenn die Masse eine Person ist, die Schulden machen kann, so ist nicht zu finden, weshalb sie nicht auch Forderungen (qua Masse) sollte erwerben können. In der That wird mit den Mitteln der Masse durch die Thätigkeit der Gläubigerschaft oder ihres Vertreters, des Verwalters, Manches erworben; dies geht aber in das Eigenthum des Cridars über, und unterliegt wegen des Concurses dem Verfügungs- und Verwaltungsrecht der Gläubiger.

Die Masse ist — um zu recapituliren — ein Inbegriff von Vermögensstücken, und keine Person. Es führt zu absurden Resultaten, wenn man sie personificirt. Nicht nur giebt es keinen Act, durch den jene Persönlichkeit entstehen, oder untergehen, oder etwa sich übertragen soll, sondern es leuchtet ein, daß sie auch niemals zu einer geschlossenen Existenz gelangt. Ihre Bestimmung ist, sich aufzulösen.

Was hier von Concursmassen gesagt ist, gilt in Betreff ihres Wesens ebensogut von Nachlaßmassen. Der Curator einer solchen Masse ist der Vertreter der Person des Erben, sei dieser bekannt oder unbekannt. Was der Curator erwirbt, geht in das Eigenthum des Erben über, denn es wird für ihn erworben, und der Curator vertritt diesen, nicht die Masse.

Mit andern Worten: es kann nur durch eine Person vertreten werden, was selbst eine Persönlichkeit hat; hievon machen Nasciturен keine Ausnahme, denn in den Fällen, in welchen ihre Vertretung überhaupt möglich ist, wird ihre Persönlichkeit vermöge gesetzlicher Vorschrift fingirt (pro jam nato habetur). Dasselbe gilt von Stiftungen u. dergl. Hieraus folgt nothwendig, daß der Verwalter einer Concursmasse nicht in dem Sinne ihr Vertreter ist, daß er ihre juristische Persönlichkeit vertritt. Da nun der Verwalter nach der obigen Ausführung auch nicht der Vertreter der juristischen Person der Gläubigerschaft ist (eben weil die letztere keine solche Eigenschaft besitzt), und zweifelsohne auch nicht die Person des Cridars vertritt, so entsteht die Frage, welches denn im Wesentlichen seine Stellung ist. Die Beantwortung ist nicht eben schwierig, wenn man den Eingangs citirten §. 4 der Conc.-Ordn. im Auge behält. „Das Verwaltungs- und Verfügungsrecht wird durch die Gesammtheit der Concursgläubiger ausgeübt. Zu diesem Behufe erfolgt die Bestellung eines Verwalters der Concursmasse." Das heißt nichts Anderes, als daß alle Gläubiger zwangsweise gehalten sind, ihr Verwaltungs- und Verfügungsrecht durch einen Communmandatar auszuüben. Will man Analogien haben, so denke man an den Administrator, welcher im Executionsverfahren für mehrere immittirte Gläubiger die Einkünfte einzieht und vertheilt. Noch Niemand hat daran gedacht, denselben als Vertreter einer juristischen Person, sei es der immittirten Gläubiger oder des verwalteten Landguts, anzusehen. — Auch die alte Conc.-Ordn. kennt den Fall der nothwendigen Bestellung eines

Communmandatars z. B. bei Regulirung eines Appellatorii (§§. 185, 187 Th. I. Tit. 50. Allgem. Gerichts-Ordnung); sie verordnet, daß wenn über die Priorität einer Post gestritten wird, dann soll der ganze Inbegriff der Gläubiger, welche dabei ein conformes Interesse haben, einen gemeinschaftlichen Bevollmächtigten bestellen. Ein solcher Mandatar vertritt die einzelnen Gläubiger, welche unter sich in weiter keinem Connexe stehen, als daß sie ein Interesse haben; er vertritt aber keine juristische Person.

Erwägt man das Vorangeschickte, so werden die Bestimmungen der Conc.-Ordn.

§. 131. Der einstweilige Verwalter ist der Vertreter der Gläubigerschaft und der Masse;

§. 215. Der definitive Verwalter ist der Vertreter der Gläubigerschaft und der Masse —

kein Mißverständniß veranlassen; sie besagen nur, um mit der älteren Terminologie zu sprechen, daß der Verwalter die Functionen des Curators und des Contradictors in sich vereinigt; sie besagen aber nicht, daß der Verwalter eine Person vertritt, die durch die Gläubigerschaft oder durch die Masse gebildet wäre. — Sehr richtig bemerkt Koch: eine Masse ist Object, aber nicht Subject von Rechten.

Es sei schließlich gestattet, auf einige Nutzanwendungen der vorstehend erörterten Grundsätze hinzuweisen.

Hat eine Masse keine juristische Persönlichkeit, so kann sie keine Rechte erwerben. In einem mir bekannten Falle hatte Jemand eine Forderung „an die A. und B'sche Concursmasse" cedirt und bekannt, Valuta von ihr erhalten zu haben. Der Verwalter der Masse klagte die Forderung ein. Meines Erachtens mußte die Klage abgewiesen werden. Der Fall liegt — von Interpretation desjenigen absehend, was der Cedent etwa Anderes hat sagen wollen — grade so, als ob eine Forderung einem Magazine cedirt wäre. Eine Sache oder ein Inbegriff von Sachen kann keine Forderung erwerben, und so wenig der Eigenthümer des Magazines durch eine solche Cession zur Einklagung der Forderung legitimirt wäre, so wenig ist es in jenem Falle der Massenverwalter, der doch nicht einmal Eigenthum an der Masse hat.

In einem anderen Falle war ein zur Concursmasse gehöriges Grundstück verkauft, und der Kaufgelderrest für den Verwalter, als Vertreter der Masse, in das Hypothekenbuch eingetragen worden. Auch dies scheint unzulässig. Im Hypothekenbuche sind die Eigenthümer der Forderungen einzutragen; alle Einschränkungen des Eigenthümers müssen subintabulirt werden. Eigenthümer der Restkaufgelder-Forderung war im vorliegenden Falle der Cridar, nicht die Masse, nicht die Gläubigerschaft, nicht ihr Bevollmächtigter, der Verwalter. Die Post war daher für den Cridar zu intabuliren, und die ihm zur Zeit mangelnde Dispositionsbefugniß konnte subintabulirt werden. Nach beendetem Concurse wäre die Subingrossation zu löschen gewesen, und damit erlangte der Cridar seine freie Dispositionsbefugniß über die Post, während bei der gewählten Form der Eintragung nach beendetem Concurse (z. B. durch Accord) die Sache nicht auf geordnetem Wege dahin gelangt, daß der Cridar über dies sein Eigenthum verfügen kann. Intabulirt ist der Verwalter; dieser kann weder vor noch nach der Concursbeendigung dem Cridar die Post übereignen, denn der Cridar ist ja schon Eigenthümer. Ueberdies ist nach der Concursbeendigung die Masse wie die Gläubigerschaft auseinandergefallen, und die Verwaltung hat aufgehört.

4. Das Stadtgericht zu Berlin hält es für unbedenklich, einen gemeinen Concurs durch Beschluß in einen kaufmännischen zu verwandeln, und umgekehrt, wenn es sich im Laufe des Verfahrens herausstellt, daß die gesetzlichen Voraussetzungen für die Eröffnung der andern Concursart vorhanden sind.

Das Stadtgericht zu Breslau hingegen hat durch Collegialbeschluß eine solche Umwandlung für rechtlich unzulässig erklärt. Dasselbe bemerkt:

„Nachdem der gemeine Concurs einmal eröffnet ist, kann er nicht nachträglich in den kaufmännischen Concurs umgewandelt werden, weil die Conc.-Ordn. eine solche Umwandlung nirgends kennt, und kein Verfahren für diese Umwandlung, bei welcher die verschiedensten Personen betheiligt sind, vorgeschrieben ist. Die Vorschriften über das Verfahren bei anderweiter Festsetzung des Tages der Zahlungseinstellung können auf die vorliegende Frage nicht ausdehnend angewendet werden, weil sie wesentlich verschiedene Voraussetzungen haben, und es dabei nicht um eine den ganzen Character des Concurses abändernde Maßregel sich handelt. — Ob jene Möglichkeit der Umwandlung im Interesse der Gläubiger zweckmäßig wäre, hat der Gesetzgeber, nicht der Richter, zu ermessen. Ob andere Gerichte von anderen Ansichten ausgehen, bleibt natürlich völlig gleichgültig."

So völlig gleichgültig scheint dies in der That nicht zu sein; es beweist mindestens, daß die Frage zweifelhaft ist. Eine nähere Erwägung führt aber dahin, jene „anderen Ansichten" für die richtigen zu halten.

Es widerspricht zuvörderst den ersten Principien der C.-O., den Richter in seinen Befugnissen bei der Leitung eines Concurses lediglich auf das zu beschränken, wozu ihm mit ausdrücklichen Worten ein Recht eingeräumt ist. Die freiere Stellung, welche ihm absichtlich zugestanden worden, ermächtigt ihn im Gegentheil zu allen im Interesse der Sache liegenden Handlungen, soweit denselben nicht eine gesetzliche Vorschrift entgegensteht. Ist für die Umwandlung eine bestimmte Form nicht vorgeschrieben, so ist es dem vernünftigen Ermessen überlassen, je nach dem Stadium, bis zu welchem im ersten Verfahren vorgegangen ist, in das anderweitige Verfahren umzulenken. Dies hat in der Praxis auch keine Schwierigkeiten verursacht.

Reichte diese allgemeine Erwägung (permissa censentur, quae prohibita non sunt) nicht aus, um der Ansicht des Stadtgerichts zu Berlin beizutreten, so gelangt man auch auf einem anderen Wege zu demselben Resultate.

Die Bedingungen, unter welchen der kaufmännische Concurs eröffnet werden muß, sind im Gesetze speciell vorgesehen. Einem hiernach begründeten Antrage kann der Richter nicht verweigern Folge zu geben, weil bereits gemeiner Concurs schwebe; denn das Petitum geht nicht eigentlich auf Umwandlung des gemeinen Concurses in den kaufmännischen, sondern auf Eröffnung des letzteren. Findet der Richter bei Prüfung des Antrages, daß die Voraussetzungen für die Eröffnung des kaufmännischen Concurses nachgewiesen sind, so folgt hieraus von selbst, daß der gemeine Concurs zu Unrecht eröffnet ist, denn der §. 319. alinea 2. C.-O. bestimmt:

Jedoch kann in den Fällen, in welchen der kaufmännische Concurs stattfindet, der gemeine Concurs nicht eröffnet werden.

In diesem Falle ist es Sache des Richters, seinen vielleicht unverschuldeten Fehlgriff zu verbessern, und so bald als möglich in das richtige Verfahren einzulenken. Dergleichen Fehlgriffe in der Art des eröffneten Concurses können sehr leicht vorkommen, weil der Eröffnungsbeschluß auf einseitige Anträge hin gefaßt wird. Die vorher noch anzustellenden Ermittelungen, welche das Gesetz gestattet, werden selten ausreichen, ein klares Bild von dem Geschäftsbetriebe desjenigen zu erhalten, über dessen Vermögen der Concurs eröffnet werden soll. Nach dem Geiste der Conc.-Ordn. sollen alle erheblichen Beschlüsse unter Zuziehung der Gläubiger erfolgen. Dies ist bei dem Einleitungsbeschlusse nicht möglich, weil das corpus creditorum noch gar nicht constituirt ist. Es muß deshalb mindestens den Gläubigern nachträglich freistehen, dasjenige anzufechten, was in demselben auf irrigen Voraussetzungen beruht. Aus eben diesem Grunde ist den Gläubigern die Befugniß ertheilt, die Abänderung des Tages der Zahlungseinstellung — über welchen sie bei der Festsetzung nicht gehört sind — zu verlangen.

Ein letzter Grund für die Zulässigkeit der Umwandlung des einen Concurses in den andern ist folgender:

Nach §. 288. Conc.-Ordn. entscheidet dasselbe Gericht, welches den Beschluß über Eröffnung eines Concurses gefaßt hat, auch über bestrittene Vorrechte. In dem Erkenntnisse vom 11. Januar 1859 (Striethorst Archiv, Bd. 32. S. 133) erklärt der höchste Gerichtshof die Ehefrau auch dann für befugt, ein Vorzugsrecht für ihre Illaten zu beanspruchen, wenn sie — trotz des schwebenden kaufmännischen Concurses — die Eigenschaft des Cridars als eines Handelsmannes, Schiffsrheders oder Fabrikbesitzers mit Erfolg zu contestiren vermag. — Läge ein solcher Fall vor, und würde das Vorrecht der Ehefrau durch Sentenz des Concursgerichts anerkannt, so würde zwischen diesem Erkenntnisse und dem Eröffnungsbeschlusse desselben Gerichts ein unlösbarer Conflict entstehen, wenn der Eröffnungsbeschluß unabänderlich wäre. Es ist aber ein allgemeiner Grundsatz des preußischen Verfahrens, daß Beschlüsse der Gerichtshöfe sich den rechtskräftigen Entscheidungen derselben fügen müssen. — In demselben Erkenntnisse des Ober-Tribunals ist zwar ausgesprochen, daß ein einzelner Gläubiger die Art der Concurseröffnung nicht im Prozeßwege anfechten könne, um eine Umwandlung herbeizuführen; hiedurch ist der Frage, ob eine Umwandlung an sich zulässig sei, jedoch nicht präjudicirt.

Aus den vorgedachten Gründen erscheint die Eingangs erwähnte Praxis des Stadtgerichts zu Berlin als eine gesetzlich gerechtfertigte.

Druck von J. C. Huber in Charlottenburg.

FSC
www.fsc.org
MIX
Papier | Fördert gute Waldnutzung
FSC® C083411

Kolibri 360 GmbH
Ferdinand-Jühlke-Straße 7
99095 Erfurt, Deutschland
produktsicherheit@kolibri360.de